书山有路勤为径，优质资源伴你行
注册世纪波学院会员，享精品图书增值服务

引导式培训

FACILITATIVE TRAINING

韦国兵　施英佳　著

电子工业出版社
Publishing House of Electronics Industry
北京·BEIJING

图书在版编目（CIP）数据

引导式培训 / 韦国兵，施英佳著. —北京：电子工业出版社，2018.5

ISBN 978-7-121-34045-1

Ⅰ．①引… Ⅱ．①韦… ②施… Ⅲ．①企业管理－职工培训 Ⅳ．①F272.92

中国版本图书馆 CIP 数据核字(2018)第 075721 号

策划编辑：晋　晶
责任编辑：杨洪军
印　　刷：北京虎彩文化传播有限公司
装　　订：北京虎彩文化传播有限公司
出版发行：电子工业出版社
　　　　　北京市海淀区万寿路 173 信箱　邮编 100036
开　　本：720×1000　1/16　印张：14.75　字数：176 千字
版　　次：2018 年 5 月第 1 版
印　　次：2024 年 10 月第 25 次印刷
定　　价：55.00 元

凡所购买电子工业出版社图书有缺损问题，请向购买书店调换。若书店售缺，请与本社发行部联系，联系及邮购电话：(010) 88254888，88258888。

质量投诉请发邮件至 zlts@phei.com.cn，盗版侵权举报请发邮件至 dbqq@phei.com.cn。

本书咨询联系方式：(010) 88254199，sjb@phei.com.cn。

推荐序

回归：从培训本质看引导的价值

回眸过往三十年，尽管中国的企业培训市场起步较晚，但培训行业的产业化、培训师的专业化发展，总体趋势是积极向上的。

尤其是 2010 年以来，诸多的培训理念和学习技术得以持续迭代升级，如胜任力模型、学习地图、ADDIE 课程设计、组织智慧萃取、微课、慕课、社群学习、O2O 学习、游戏化学习、行动学习、引导技术、群策群力、世界咖啡、私人董事会、SOJT、视觉引导等，颇具百花齐放、百家争鸣的味道。

"乱花渐欲迷人眼"。这些新模式、新技术、新方法，正给中国企业培训界带来翻天覆地的变化，这是不争的事实。不过，尽管模式在变、活动在变、方法在变、工具在变，但万变不离其宗：学习的价值。

开场破冰、内容讲解、互动提问、总结收尾，这是一堂培训课的通用流程。在整个流程中，培训师的声音、语调、肢体动作、自身形象及演绎能力都颇为重要。西装革履、抑扬顿挫、激情澎湃，举手投足之间，彰显一名培训师的职业素养与个人风貌。那些能说会道、幽默风趣，对案例和故事如数家珍的培训师，尤其受学员的喜欢。

这是典型的传统培训路数，培训师大放异彩的个人英雄时代正面临太多挑战。《培训》杂志"2014年职业培训师生存状态"抽样调查结果也印证了这一点。数据显示，82%的受访者普遍认为，自我变革、课程开发、知识管理与创新，是其当前急需突破的三大职业瓶颈。基于此，在"互联网+"、大数据、人工智能的新时代，培训师及培训管理工作者都要从行业洞察、思维变革、内容设计、技能结构、职业规划等不同角度，去探求培训工作的本源，以实现自我价值的升华。

值得重视的一个方向是，引导技术与培训的深度融合。

当前，企业培训界早已形成共识：培训的目的从知识传播、技能提升，向解决挑战性问题、心智改善、激发创新思维转变。这是一种本质意义上的价值回归。可喜的是，这种变革与创新的思潮方兴未艾。

对比来看，引导重流程而培训重内容，这是引导与培训的显著差异点。与以培训师为中心的传统培训相比，引导式培训极力主张以学员为中心，强调学员在交互过程中，注意力要更集中，思考要更主动，参与度要更高。

培训模式的巨大转变，有一个重要假设：每位学员都内藏着无限的潜能量。引导式培训师的核心作用，就是尝试激发这种潜能量，催化他们思考，促进他们互动，让他们的经验与课程内容充分融合。显然，这对培训师的多元角色认知与能力重构提出了更高的要求。

从这个意义上讲，借助引导技术助力培训实现"以学员为中心"的初心，"引导式培训"正是让培训回归本质最简单有效的一种理念和方法。从工作问题或业务挑战出发，通过流程改造与再设计，引导大家群策群力，在培训赋能的过程中，实现智慧共创与聚焦，最终解决问题，达成共识。这正是引导式培训的魅力所在。

当然，下面这几个问题，也值得培训从业者思考：

- 引导式培训师的能力构成、行为指标有哪些？

- 哪些学习场景不适用引导式培训？

- 如何激发学员的学习兴趣？

- 如何构建及持续维持培训场域？

- 如何通过引导式提问激发思考？

- 如何发动学员参与的力量做到共创式教学？

……

在《引导式培训》这本书中，或许我们都能从不同视角寻觅到不同的答案，甚至可以勾勒出一名出色引导式培训师的自画像。

需要指出的是，这种培训模式绝不仅是简单的"引导"＋"培训"。这本书更倡导的是，用引导的理念实现培训的价值转化，将引导技术灵活融入各类培训场景中，通过培训师与引导者身份的无缝转换，实现培训能量的自然流淌，让学员真正成为课堂的主角，真正帮助个人与组织解决问题，助推业务发展。

激活是创新的前奏，引导是智慧的法门。我们期待这本书能为每一位培训从业人士带来思想的启迪、技术的升级，并用它帮助更多人激发热情、传递智慧。

朱伟正

《培训》杂志主编

前　言

2002 年，初入职场的我在公司新员工培训中接触到了人生中第一次职场培训，一天的"商务礼仪与职场行为规范"，让我发出"上课"竟然也能如此精彩的感叹！2005 年，我晋升为广东移动培训学院学习研发部的副经理，开始负责全省的内训师队伍建设，经过三年的发展，内训师队伍逐步壮大，"金讲台"学习品牌横空出世！

得益于企业的"外源型向内生型转型"的培训战略，公司对内训师队伍的成长极度重视，我们得以邀请到了国内众多 TTT 领域的名师、名嘴来为"金讲台"内训师传道授业。但随着时间的演进，随着内训在企业所占比重越来越高，随着内训师的结构越来越优化，随着内训的项目与企业战略业务结合得越来越紧密，自己心头的一个困惑却越来越强烈——如何才能更快速地提升内训师队伍的培训专业能力？虽然这些"名师""名课"也可谓精彩纷呈，但难点在于"教得精彩"不等于"学得容易"，"老师专业"不等于"学生优秀"，即"教≠学≠会"。

经过多年的培养，在自己管理的 1 200 多个"金讲台"中，优秀的内训师仍然是这样两类人：一类是独具内训师天赋特质的业务骨干，他们天生幽默风趣、口才出众、反应灵活，这类人可遇不可求；另一类是勤恳踏实、能长时间在一两个课题深耕的内训师，他们数年如一日结合工作实践，打磨一门品牌课程，终成企业级"明师"！一种靠"选"，一种靠"熬"，那有没有什么方法能在这两种情形之外，让"专业"和"方法"有机结合起来，大大加速内训师的成长呢？

2012 年，我在加入百年基业后开始系统学习 INIFAC、LSI、CALF、FNS 等专业机构的引导技术，并带领团队尝试着将引导技术嵌入我们的培训课程中，取得了意想不到的效果。在大量实践的基础上，我们决定开发一门全新的产品——"FTT"（引导式培训师培训）。区别于传统的 TTT，FTT 强调以流程设计而非以培训师的特质来实现课堂的深层互动，而每个流程设计的依据正是引导理念和引导技术的体现。"这是一门学了就会、会了就用、用了就有效的神奇课程！"这是京东、华润、日产、移动、中广核、招商银行等各行业内训师朋友在接受 FTT 培训后发自内心的声音！

"引导"一词来自拉丁语"facil"，原意是："让事情变得更加容易。"引导式培训作为培训的一种创新形式，是将引导技术与培训技术进行融合的产物。我们所提倡的引导式培训，就是培训师用引导的理念来实现教学目标的一种创新型培训方式。在引导式培训中，培训师将引导技术嵌入授课的全流程，让学员在学习过程中不断思考、主动探寻，让培训过程更加生动有趣，从而实现培训效果的提升，加速学员训后行为的转化。

引导式培训与传统培训在本质上有共同之处，都是为了培养他人、发展技能、解决问题。但引导式培训又不仅仅是在传统培训课堂中加入几个引导工具或几个游戏活动，而是在信念假设、教学模式、关注焦点、培训师角色、学员角色等方面有明显特色。本书集合了百年优学五年多的教学实践，以及上百次的 FTT 授课实践。

本书的内容覆盖了培训师授课的各个节点，旨在帮助你更好地在课堂中设计和应用引导式培训的方法。各章节与培训场景相对应，操作步骤清晰准确、系统性强。我们希望通过阅读本书，读者能够理解引导式培训的理念，同时能运用引导式培训的方法对自己课程进行改造升级、学以致用。

百年优学作为"引导式学习设计专家"，深耕企业学习力发展领域多年，在业内获得了广大客户和专业机构的认可与好评。但我们并没有止步于满足市场需求，而是向着引领行业趋势的方向努力着。

本书由我和百年优学合伙人施英佳老师主导完成，也是百年优学团队共同努力的结果。在此感谢曹旭东老师、谢佳宁老师、王波老师、王溶蔓老师、张芊老师、李敏老师、蒋文俏老师在不同章节承担的访谈、整理、绘图与撰写工作。同时，我们还要感谢曾经在教学实践中一起探讨交流的培训同人，我们的经验和思考很大程度上得益于与这些灯塔级客户的共创，没有他们也就没有这本书。再次感谢大家！

韦国兵

目　录

引　言

1. 导入

在正式开启引导式培训之旅前，请你拿出笔完成下面的测试题。作为一名培训师，你的课堂中有没有出现过以下这些现象？请根据课堂中的实际情况进行填写（在适合的空格内打"√"）。

序号	培训中的现象	从未出现（1分）	偶尔出现（2分）	经常出现（3分）
1	训前不了解学员具体状况及学员对相关课程内容的掌握程度			
2	学员间相互不认识、不熟悉，很难在短时间内打破心理防备，从而在培训中进行有效的合作交流			
3	"破冰"开场时，气氛活跃，但破冰活动结束后，课堂又很快陷入沉闷			
4	学员对课程有不同的期望，有的甚至希望培训可以解决所有问题			

续表

序号	培训中的现象	从未出现（1分）	偶尔出现（2分）	经常出现（3分）
5	学员低头玩手机、频繁进出、课堂内接打电话等失当行为			
6	学员间窃窃私语，影响课堂纪律			
7	有的学员培训中一直沉默，从不发表自己的观点			
8	有的学员对所授内容不断提出疑问，影响培训进程			
9	培训时间有限，无法让每位学员表达自己的想法			
10	当问题提出时，没有学员回应			
11	当学员回答问题偏离时，容易直接否定学员			
12	小组讨论时，出现"一言堂"现象，只有个别学员积极表达自己的想法			
13	当个别学员提出"刁钻"问题时，不知如何引导或灵活应对			
14	问题探讨时，学员意见不同，短时间内很难达成共识			
15	传统的一些培训活动游戏，如选组长、班前热身游戏等，激不起学员的兴趣和参与热情			

如果得分为 15~20 分（含 20 分），那么恭喜你，你的培训课堂已经非常出色了，只需再针对性地提升一些方法和技能即可。

如果得分为 20~30 分（含 30 分），说明现实课堂中的很多共性问题在你的课堂中也会出现，你需要针对性地解决培训过程中曾受到的困扰。

如果得分为 30~45 分（含 45 分），那么请你注意了，你的培训课堂已亮"红灯"，急需新的培训理念和科学的培训方法来改善现在课堂中的困境。

无论你是哪种状况，想改善哪种现象，相信阅读本书你都会有很大的收获和提升。

2．本书的目标

本书是为那些需要培训他人的人士准备的，旨在帮助读者运用引导的理念做培训，将引导的方法嵌入培训的场景，来提高培训质量。本书的目标读者包括：

- 企业内训师
- 企业培训管理者
- 学校教师
- 成人教育老师
- 职业培训师

3．本书的结构

本书共五大部分，按照概念原理、训前准备、开场激发、深层互动、关闭总结顺序进行铺排，分成九章进行详细介绍。

第 1 章"理想课堂画像"描述了以内容为中心、以培训师为中心、以学员为中心的三种模式课堂的差异，介绍了理想课堂的特点和原理。

从本章你将得到以下问题的答案：

- 教、学、会之间的关系是什么？

- 理想课堂有哪些共同的特点？

- 成人学习螺旋的五个步骤分别是什么？

第 2 章 "认识引导式培训" 澄清了引导、引导式培训、引导式培训师三个概念，重点解读了引导式培训师三个层次的角色定位与八大核心技能。从本章你将得到以下问题的答案：

- 什么是引导？引导的过程是什么样的？

- 什么是引导式培训？

- 引导师、培训师、引导式培训师三者的区别是什么？

- 相较传统培训师，引导式培训师需要具备的信念有哪些？

- 引导式培训师要具备什么样的核心技能？

- 引导式培训师的三个层级分别是如何定义的？

- 怎么测评引导式培训师的能力？

第 3 章 "培训前的准备" 重点分析了训前如何了解学员，如何设计课堂与桌椅布局，以及做好纸类、笔类、活动用具等引导式培训类物料的准备。从本章你将得到以下问题的答案：

- 如何通过一纸学员名单做好培训分组？

- 培训场地如何规划与布局？

- 常见的桌椅摆放形式和应用特点有哪些？

- 引导式培训的物料准备如何更齐全？

第 4 章 "激发学习兴趣" 介绍了激发学习兴趣的三原则和三任务，落脚点在于如何通过四种典型方法来让课堂快速产生吸引力。从本章你将得到以下问题的答案：

- 激发学员学习兴趣的通用原则有哪些？
- 实现激发兴趣的任务逻辑是什么样的？
- 如何使用培训入场调查表激发学习兴趣？
- 如何使用视觉探索卡激发学习兴趣？
- 如何使用引导式调研激发学习兴趣？
- 如何使用翻转测试激发学习兴趣？

第 5 章"构建培训场域"分析了场域构建三要素，即如何通过环境、链接、能量来构建引导式培训场域。从本章你将得到以下问题的答案：

- 如何通过培训海报来构建培训环境，提升用户体验？
- 让培训师、学员之间产生网络状链接有哪些常用方法与技巧？
- 如何让课堂能量持续保持在清醒水平线上？
- 如何适时开展充能活动？

第 6 章"引导式提问"分析了两种提问分类的特点和应用场景，提出了四种全新的引导式提问方法，每种方法都提供了清晰的流程、应用场景和注意事项。本章你将得到以下问题的答案：

- 开放式提问与封闭式提问在培训中如何使用？
- 群体提问与个体提问在培训中如何使用？
- 设计引导式提问一般原则有哪些？
- 图景提问法的特点、设计步骤与应用场景有哪些？
- 上堆思维与下切思维在引导式提问中如何应用？
- 漏斗提问法和 SSR 提问法在培训中如何使用？

第 7 章"共创式教学"分析了如何通过共创式教学的方式实现深层互动，对共创式教学五步法的每个步骤都进行了详细的分析和举例。深度剖析了共创式教学在解决学员实际问题、案例分析与教学、强化学员认知与共识三个方面的应用。本章你将得到以下问题的答案：

- 共创式教学的步骤有哪些？
- 共创式教学在三个培训场景中分别是如何实现的？
- 共创式教学的常见挑战及如何应对？

第 8 章"焦点研讨法"讲解了 ORID 焦点研讨法的应用价值，并在课堂提问互动、案例分析、复盘总结三个场景下如何应用 ORID 工具的技巧。本章你将得到以下问题的答案：

- ORID 的四层次内涵是什么？
- 如何用 ORID 进行引导式提问？
- 如何用 ORID 帮助案例教学进行问题的设计？
- 如何用 ORID 进行复盘总结，强化学以致用？

第 9 章"引导式关闭总结"讲解了培训中关闭总结的重要性和运用技巧，从理性和感性两个维度出发，向大家介绍了五种常见的引导式培训总结方法，实用有效。本章你将得到以下问题的答案：

- 为什么培训中有效的总结如此重要？
- 有效的引导式关闭总结有哪些特点？
- 五种引导式关闭总结如何操作使用？

本书的每章我们都介绍了理论、方法、工具和应用场景，同时辅以实践案例来说明。所有章节均是按照培训场景顺序编写的，同时，每章内容又相对完整、独立。你可以按照自己的兴趣跳跃到相应章节阅读，也可以循序渐进地跟随我们的脚步完成整本书的学习。

现在，你准备好了吗？让我们开始引导式培训之旅吧！

第 1 章

理想课堂画像

1.1 | 体验三种课堂的差异

在探讨什么是理想的培训课堂之前，首先通过三个培训课堂场景来体会一下同样一门课程，三位培训师采取不同的教学设计会带来的不同效果。

1.1.1 以内容为中心的课堂

李老师是一位社会渠道领域的培训师。他根据多年实践经验，总结出了一套社会渠道管控方法论——"社会渠道管控黄金四步法"。A 公司培训经理通过某培训机构的推荐，邀请李老师对该公司渠道经理开展为期两天的"如何提升社会渠道管控效能"课程培训。

培训期间，李老师结合自身丰富的实战经验，从渠道走访、渠道培训、渠道投诉分析与处理、渠道沟通四个方面展开讲授，将自身多年积累的渠道管控知识、方法、工具毫无保留地分享给学员，可谓主题明确、逻辑清晰、干货十足。然而，这些似乎并未吸引学员，课堂上打瞌睡、玩手机、迟到早退时有发生。从课后满意度评估的结果来看，学员总体评分不高，并且有些学员还提出课程枯燥、知识点很难记忆、课堂缺乏乐趣等问题。

　　课程干货满满，却未能获得学员的好评，这种情形在培训课堂上并不少见。在这种以内容为中心的教学理念下，老师更多关注的是课程内容本身，强调课程的广度和深度，较少进行内容演绎和深层互动，这种"下载式"教学模式以培训师讲授为主，学员被动接受信息。大多数培训师刚走上讲台时因为缺乏授课经验，所以将课程知识点完整、清晰、无误地进行传递是最基本的要求。还有一些认证类、知识密集型课程的教学也大多采用这种方式，以确保在最短的时间内将大量的知识、信息传递出去。但随着移动学习的兴起，这类培训的价值正在逐渐降低，培训师可以将大量的知识通过电子课件、手机 APP、在线社群等途径进行前置，让课堂变成交流的殿堂。总体来说，以内容为中心的模式将使学员在培训过程中处于被动接受的状态，较难调动学员的学习积极性；培训师教学手段单一，过程较为枯燥，学员在课堂上容易疲劳、走神、瞌睡。此外，由于缺乏思想交流碰撞，影响了学员的理解和记忆，教学效果很难落地。

1.1.2　以培训师为中心的课堂

　　王老师和李老师是同行，面临着同样的问题，但他采取了不同的方法。王老师强调课程的趣味性，课程以活动和案例分享为主，在整个课程中安排了大量的体验式活动。同时，王老师充分发挥了他幽默的特性，整堂课欢声笑语，学员感觉轻松有趣。培训满意度评估分数很高。课后，有些学员反映在课上听了很多故事，了解了很多案例，也玩了不少游戏，但真正学到的具体工作技能并没有多少。回到工作岗位后，自己的一些困惑仍然存在。

这种以培训师为中心的模式在前些年的培训市场上非常流行，培训师的表达能力通常较强，有的口若悬河，有的风趣幽默，且在培训过程中设计丰富有趣的游戏活动，非常注重课堂上学员的参与度和活跃度。这本身对教学目标的实现有促进作用，但为了游戏而游戏，甚至出现"时间不够游戏凑"的现象，则会过犹不及。过于注重课堂形式，忽视课程本身内容的深度及学员的真实需求，就会出现学员在学习过程中因为活动游戏的刺激感到新奇有趣，课堂气氛高涨，但课后却不知所学的现象。

1.1.3　以学员为中心的课堂

张老师是公司的一名渠道管理业务专家。为了改进课堂培训效果，他尝试将引导的理念和工具嵌入"如何提升社会渠道管控"这门课程中。培训开始，张老师首先提出："市场竞争日益激烈，传统渠道受到了前所未有的挑战。在这种形势下，我们将如何提升社会渠道的管控效能呢？"课堂上，从学员的眼神和状态中，张老师感到大家对这个话题很有兴趣，但是他并没有直接把这个问题的答案讲给学员，而是设计和实施了以下活动：

第一步，要求每位学员将自己关于如何解决上面这个问题的想法和建议书写下来。

第二步，学员在组内两两结成学习伙伴，分享各自的观点，并进行归纳整理。

第三步，以小组为单位对小组内的六位学员的观点进行汇总整理，并将本小组的所有观点按要求书写在特定的卡片纸上。

第四步，每组选出代表。各代表在张老师的带领下，将各小组的观点在研讨墙上进行梳理、归纳，最终形成全班学员一致认同的"社会渠道日常管控关键要素"。

随后，张老师基于自身多年实践经验，对这些要素进行了点评和总结，形成了课堂中要探讨的四个关键内容：渠道走访、渠道培训、渠道投诉分析与处理、渠道沟通。在接下来的课堂上，张老师运用引导的方式带领学员分别探讨关键内容的核心问题、解决策略、工具应用案例。学员在"倾听—提问—反思—行动"的循环中，不断回顾自己的实际工作场景，找到问题解决的办法。

一天的课程结束后，学员感慨万千，在愉快的学习氛围中，大家一直在动脑、动手、动嘴、动眼、动腿……从来没有尝试过在一天的课堂中学习到如此实用、有效的知识和技能。

张老师基于自身的实践经验，设计了一个让学员思考、分享、辩证、共创的教学活动。活动中，他通过引导和挖掘，帮助学员达成了共识，而该共识正是想传递给学员的核心知识，这个过程充分体现了以学员为中心的教学理念。整个过程中学员全程参与，培训师更多地负责流程的设计和管控、学员行为的引导、核心结论与观点的梳理与确认。因此，学员对培训内容的认同、理解、记忆十分深刻，课程效果得到有效提升。从学员的真实诉求出发，设计丰富、有针对性的教学活动，充分调动学员参与课程的积极性，激发学员主动思考、深度参与，从而获得新知，并通过练习、通关、行动计划等方式推动实践，促进学员能力的提升和工作行为的改变，让学员真正成为课堂的主角。

同样的课程主题，三位培训师的授课方式各不相同。李老师倾向于讲授，尽管内容有料，但缺乏灵活多样的教学方法，导致课堂沉闷，影响了学员的理解和吸收；王老师倾向于活动，课程有趣、好玩，但在效果上没有达成学习目标；张老师基于自己多年的实践经验，设计了一个让学员深度参与、主动思考的教学流程，通过对学员的引导和挖掘，帮助他们找到答案。从过程来看，学员积极参与、主动思考、投入度高；从结果来看，学员对内容认可度更高，记忆更为深刻，有更强烈的意愿将培训内容在实际工作中进行应用。

与前两位培训师相比，张老师所采取的教学方式又有什么独到之处？

我们一起来探讨相关的三个字："教""学""会"。一般我们都会将这些字结合在一起使用，如"教学"或"学会"。从词义来看，它们似乎是一回事。但仔细分析这三个字的含义，我们不禁要问，它们真的是一样的吗？

答案是：教≠学≠会（见图1.1）。将知识、技能传授出去，不等于学员能真正理解和掌握。即使学员在课堂上能够理解和掌握所学知识与技能，也并不等于在工作中会操作、会应用。因此教学模式的设计不应该围绕着"教"字或"学"字展开，而应该围绕"会"字展开，以终为始。学员需要会什么，他才想学什么，老师教什么的依据也正是学员的内在诉求。因此理想的课堂中培训师将不再是单纯的讲授者，而是学员学习的引导者。

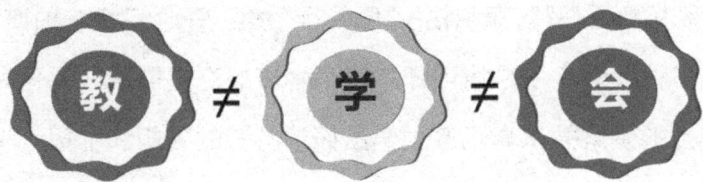

图 1.1　"教""学""会"的关系

1.2　理想培训课堂的特点

"博学之，审问之，慎思之，明辨之，笃行之。"这是孔子后裔子思在《中庸》里关于治学的千古名句。其所表达的是关于学习的五个递进阶段。"博学之"说的是学习首先要有广泛的猎取和输入，要培养学习的兴趣和好奇心。没有好奇心和兴趣哪有博学的可能？"审问之"即当在学习中遇到不清楚的地方时就要追问到底，要对所学加以审视，积极地与他人互动。"慎思之"即问过以后还要自己学会思考和分析，否则所学不能为己所用。"明辨之"即学问是愈辩愈明，不辨，则所谓博学就会鱼龙混杂、真伪难辨，学得越多则可能困惑越多。"笃行之"是学习的最高阶段，即"所学要有所用"，做到"知行合一"。由以上分析可以发现，古人眼中理想的学习场景应该有提问、思考、练习、研讨、实践等元素。把这些元素对应到现实的培训课堂中，并结合当代的主流教学思想，理想的课堂理应呈现出三个特点。

1.2.1　学员：以学员为中心，学员深度参与

在一些传统课程中，学员更像观众被动接受教学内容。常常出现"神情黯淡、无精打采""窃窃私语""低头玩手机"等学习状态抽离的情况。究其原因，很大程度上是培训师忽略了学员的真实需求，课程内容的设计和培训师的讲解并未真正激发学员探求新知的兴趣和欲望；学员在被动接受的过程中，无法真正融入课程、主动思考，更无从行动与实践。成人学习的过程不是培训师告知结果，学员就可以接受、认可、应用的。他们需要自己体验，自己实践，最终完成学习的转化。从这个角度来看，如果培训师在课程中忽略学员的需求与感受，只是一味地阐述课程内容，或者滔滔不绝地演绎，甚少或从不倾听学员的想法，将导致学员产生"逆反心理"，从而使课堂效果大打折扣。

理想中的课堂是"以学员为中心"，深入了解学员的学习需求，通过行之有效的工具和方法，引导学员对课程内容产生兴趣，充分调动学员参与课程的热情，积极表达自己关于课题的看法和思考，从而获得新的知识。最后通过练习、通关、行动方案等方式推动实践，促进学员学习行为、工作行为的改变和提升。

1.2.2　培训师：不再是单纯的讲授者，而是学员学习的引导者

传统教学通常以教材内容为中心，或者以培训师为中心。以教材为中心，更加侧重课程内容的传输，往往以讲授为主，学员的反馈相对较

少；以培训师为中心，更加侧重培训师的课堂演绎，对培训师的授课水平要求较高，但容易出现培训师滔滔不绝地讲授，而课程内容的针对性较弱、学员培训需求的把控不足的现象。培训师就像演员，当聚光灯照射到舞台上全神贯注地表演时，幽默诙谐，但学员却以观众身份在学习，无法有效将自己的需求和想法反馈给培训师，更无法将培训师的能力转化为自身的能力，产生行为价值。从学习的本质出发，我们倡导的真正意义上的培训师，不应单纯是课程内容的传授者、演绎者，更应是学员学习的引导者、启迪者。培训师应引导学员，让学员经过自己的分析、判断，去发现问题，学习新的知识和技能。

1.2.3　课程：内容和活动设计聚焦于教学目标的实现

一门课程对学员是否有价值，应该以是否提升了学员的能力素质，甚至是否帮助学员解决了实际工作中的困惑和问题为检验标准。然而，在现实的培训场景中，"教不等于学，学不等于会，会不等于用"的现象在培训中十分常见。从培训转化规律的角度来看，如果在训后缺乏复习、反思、实践等关键环节，学员记住的知识随着时间推移递减。因此培训师需要做的是，如何通过课程内容的聚焦、教学方式的创新等措施促进学员深入理解所学知识，并且让学员意识到知识对自己有用，愿意主动实践。

为了使培训内容更有针对性，培训师可以通过训前问卷、BEI 访谈、关键人沟通等形式，了解组织层面对培训内容的期望和要求，了解学员工作中遇到的困惑和难题，锁定学员对课程内容的兴趣点；也可以通过训前测试，掌握学员目前所欠缺的知识、技能，从而针对性地设计课程内容，量身设计课程，将学员带到未知中，在兴趣中探索、实践，从而解决工作中的问题。

为了实现教学目标，教学方式的选择要与内容的设计相匹配。首先，课堂教学设计方式要多样，如讲授、讨论、练习、测试、演示、案例、模拟、游戏等较为常用。其中无论哪种方式，引导技术与工具都可以嵌入，让这些教学方式产生新的魅力。例如，在案例讨论中通过培训师设计引导式提问，学员对案例情境的思考、对案例与自身实际工作场景的结合都将提升到更高层次。其次，教学设计方式要匹配教学内容，符合学员的学习特点。如果想让学员理解和记忆知识，可采用阅读、讲授、讨论等方式；如果想让学员掌握新的技能，可采用案例、练习、演示、角色扮演等方式；如果想让学员改变态度、看法或偏见，可采用测评、角色扮演、游戏、模拟方式。通过不同的教学设计方式，能够实现学员的肢体互动、情绪互动、思维互动，引发个人的独立思考或者小组的集体思考，从而使学员对课程的知识、技能或态度有更深刻的认知体会和感悟。

学员、培训师、课程构成了一幅完整的课堂画卷，就像经典的画作一样行云流水、活泼灵动。好的课堂让人感觉流畅自然，在愉悦的学习体验中获得知识和技能。仔细推敲理想课堂的特点，我们会发现好的课堂起始于培训师对学习需求的准确洞察，并围绕学员的需求和学习的逻辑规律展开教学。接下来，我们就来探讨学员学习的内在逻辑。

1.3 | 成人学习的内在逻辑

成人学习有规律可循吗？答案是肯定的。著名教育学家罗伯特·米尔斯·加涅对成人学习提出了自己的观点，如成人学习更具有复杂性，通常带着原有的经验来学习，更倾向于理解知识而不是背诵等，提倡培训师要有意识地应用这些原理指导自己的教学实践，遵循学员的学习逻辑，以他们期望的学习方式和路径开展教学。在这里，我们重点介绍一种成人学习的重要理论——"成人学习螺旋"，它基于成人的认知规律，将学习划分为循序渐进的五个阶段，对培训师了解学员的内在学习逻辑有重要的借鉴意义。在详细阐述这个理论前，先来看一个例子。

小李是一位来自北京的美食爱好者，喜欢去各地旅行，品尝当地美食。有一次他在旅行中品尝到了当地一道特有的名菜——桑拿鸡，肉质滑嫩细腻，味道鲜美，制作简单，营养丰富。这激起了小李的学习兴趣，以至于小李回到家中后一直念念不忘，决定要亲自下厨学习制作这道菜。

首先他通过上网和查阅美食书籍，收集关于制作桑拿鸡的食材要求和制作方法，接着他按照要求买了新鲜的食材，准备好相关烹饪工具，开始大展身手。小李认为桑拿鸡制作起来应该没什么难的，无非就是把鸡切成小块，放在蒸炉上蒸就可以了。小李信心满满，并结合原来的烹饪经验，将鸡肉进行腌制，

> 并且放了很多调味料，但是鸡做好以后，味道没有达到预期效果，反而失去了桑拿鸡本身的特色。之后他又多次向专业大厨请教，学习秘制技巧，经过多次尝试后终于做出了美味的桑拿鸡。

系统分析小李学习制作桑拿鸡的过程，我们不难发现成人学习的模式：它从产生兴趣开始，到收集相关知识信息，进而加工与学习，总结方法，再到不断实践。这五个步骤构成了成人学习教育的重要理论——"成人学习螺旋"（见图 1.2）。在授课过程中，有效运用"成人学习螺旋"将使授课过程符合成人学习的特点，实现以"学员为中心"，变"要我学"为"我要学"。

图 1.2　成人学习螺旋

1.3.1 产生兴趣

课堂是学员获取知识和培养能力的阵地。在培训中,学员学习的兴趣越高,参与度、主动思考力、课程配合度也就越高。为有效激发学员的学习兴趣,我们需要从"事"和"人"两个维度来实现,即培训给学员带来的价值到底是什么,学员在过程中的体验和感知如何。

1.3.2 接收信息

培训师在充分激发学员的学习兴趣后,就开始了知识信息的讲解。每个培训师都渴望学员理解、认同、记忆自己所讲授的内容,并应用到他们的实际工作中。为此,培训师应该清晰地讲授,对于重点内容要通过案例、练习等方式强化学员的理解。但在提供信息时,需要注意适时、适量,切勿将所有知识一股脑地灌输给学员,忽视学员的感知与参与。

1.3.3 加工处理

成人有着丰富的经验,他们过去的生活与实践是十分宝贵的资源。培训师首先要尊重学员的这些经验,然后要努力让传授的知识与学员过去的经验进行嫁接。在这个过程中,学员可能直接认同所传递的知识,也可能产生困惑和质疑,我们称这个认知阶段为加工处理。培训师在这个阶段需要通过一些方法和工具帮助学员进行群体沟通,通过引导式提问帮助其理解,并给予学员思考转化的试讲,为知识传递实现有效内化奠定基础。

1.3.4　得出结论

在实践中，我们发觉有些培训师"好为人师"，喜欢告知人们应该做什么、不应该做什么，而成人学习螺旋提倡的是让学员自己得出结论，并归纳总结，从而产生新的认知，获得成就感。培训师在其中已不再是一个单纯的内容传递者，而是学员学习新知的引导者和启发者。所以，培训过程中培训师要鼓励学员表达观点，如实记录这些观点，允许学员的不同声音，并通过合理引导，让其达成共识。观点的碰撞是学习的必经之路，也是正确理解和持久记忆的关键所在。

1.3.5　渴望实践

自己得出的结论更容易被实践。培训师通过现场练习、通关考核、训后测试、IDP 等促进学习效果转化，鼓励学员进行实践应用和行为改进。同时，在设计此环节时一定要关注培训中所涉及的练习和工具等具有的实操性与有效性，真正能够在学员实践的过程中起到良好的辅助和提升作用。为此，培训师需要设计、安排好学习体验活动以及培训前后的测评对比，刺激学员实践的动机，同时匹配科学的训后实践计划，提供切实有效的实践工具和方法，并在此过程中不断跟踪与辅导。

成人学习螺旋的五个步骤从理论上阐述了成人在培训中深度学习的完整逻辑。通过以上分析可以发现，其应用难点正是如何激发学员的兴趣点、如何启迪学员深度思考、如何引导学员归纳总结并转化为行动实践，而这也正是本书后续内容阐述的焦点。

第 2 章

认识引导式培训

2.1 | 什么是引导

"引导是一种方法，帮助群体能够更有效地研讨和做决策，既有艺术性，也有科学性。引导所使用的工具流程能激发大家利用各自不同的背景、价值观、兴趣及能力，做出更高质量的决策，提升生产力，改善团队动力。引导提升人与人之间、群体与群体之间的互动品质，使之更加聚焦在成果上。"这是国际引导学院（INIFAC）给出的关于"引导"的定义。

"引导"一词来自拉丁语"facil"，原意是"让事情变得更加容易"。所以引导的本质可以理解为一种管理能力，目的是让他人能主动思考、明确目标、找到方法、形成决策。引导者的关键作用是促使他人主动担责，变成问题的主人。

假如当一位企业管理者的下属主动倾诉其对自己在公司的定位感到困惑，不知道未来的职业发展应该怎么规划时，如何处理？管理者 A 告诉他："职业生涯是员工自己的事，自己应该承担责任。"管理者 B 直接批判该下属："定位不清，需要反思自己的特长和诉求。"管理者 C 则没有直接给出建议和答案，而是通过和该下属的沟通互动，促使他自己主动思考，逐步找到解决问题的方法。管理者 C 的处理方式其实已经具备了引导的理念。同样地，假如作为一位培训师，当学员对将课堂知识应用于实际工作有疑惑时，培训师不是直接给出答案，而是通过提问、分享等方式帮助学员找到学以致用的具体方法。这种"授人以鱼不如授人以渔"的做法，其实质也是引导。

为了更好地帮助学员理解引导的概念，通过图 2.1 引导的框架示意图来说明引导是如何发生的。

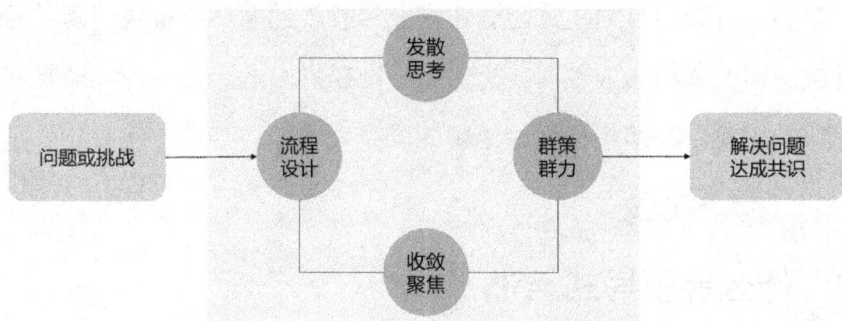

图 2.1　引导的框架

首先，引导的产生需要有团队共同关心的问题或挑战，如策划一个大型活动方案、开发一个产品销售模型、设计一门课程的大纲、提炼一个案例的组织智慧等，这些问题本身没有标准答案，对参与者而言有一定难度。

其次，要根据问题的难度、参与者的特征、时间等限制性条件设计引导的流程。例如，如何用一天的时间制作一个创新方案（包括分析、举措、计划等）；如何用半天的时间讨论一门课程的结构性框架；如何用一小时萃取一个中型案例的组织智慧。这些问题的解决都需要设计一个流程来完成，包括参与者、时间安排、工具、成果要求等。需要说明的是，引导流程与一般的培训方法、会议方法最大的区别在于，如何让参与者群策群力，针对需要解决的问题主动思考、深层互动、创新方案。

再次，要做到群策群力，需要应用适当的工具达成目的。引导的过程有两个核心阶段：一是足够的发散思考，浮现足够多的可能性，深挖关键问题，提高讨论的质量。二是适当的收敛聚焦，让讨论的方向与主题一致，同时在适当的时候进行收敛、决策。

最后，引导的目的是让团队在发散和收敛的循环中解决问题，或者对解决问题的举措达成共识，为未来行动提供方案。具体的成果要回归到引导的出发点，即根据问题或挑战本身来界定。

2.2 | 什么是引导式培训

引导式培训作为培训的一种创新形式，是将引导技术与培训技术进行融合的产物。在大量的教学实践中，我们逐步总结出了引导式培训的一般定义、特点和独特价值。

2.2.1 引导式培训的概念

所谓的引导式培训，就是指培训师用引导的理念来实现教学目标的一种创新型培训方式。在引导式培训中，培训师将引导技术嵌入授课的全流程，让学员在学习过程中不断思考、主动探寻，让培训过程更加生动有趣，从而实现培训效果的提升，加速学员训后行为的转化。

在第 1 章张老师讲"如何提升社会渠道的管控效能"课程的案例时，他没有机械地讲授课程知识，而是采用了引导的理念和工具，将授课的流程进行了精心设计：首先抛出课程主题，让学员进行发散思考，然后通过结对分享、组内整理、组间交流等方式进行收敛归纳，最终找到了解决问题的方法。

2.2.2　引导式培训与传统培训的区别

引导式培训与传统培训在本质上有共同之处，都是为了培养他人、发展技能、解决问题，但其在信念假设、教学模式、关注焦点、培训师角色、学员角色等方面又有着明显区别，如表 2.1 所示。

表 2.1　引导式培训与传统培训的区别

	引导式培训	传统培训
信念假设	学员都是智慧的、有能力的	老师都是智慧的、有能力的
教学模式	以学员为中心	以内容/老师为中心
关注焦点	问题是否被解决	内容是否被接受
培训师角色	问题的设计者	答案的输出者
学员角色	答案的贡献者	答案的接收者

2.2.3　引导式培训的价值

1. 从"要我学"转变为"我要学"，学员的学习兴趣更浓

学员不再是单纯的课堂知识的"接收器"，而是在培训师的引导下，主动探求知识，由被动接受转为主动探求。

例如，采用引导式调研工具，引导学员聚焦课程要点，将学员的学习状态从被动接受培训转为有目的的学习，激发学员对课程的兴趣点和求知欲。同时，培训师根据学员的需求和真实水平，适当调整授课的深度和广度，让学员充分感受到自己在这个课程中被重视、受尊重，持续保持对课程的兴趣。

2．关注学习体验，强化现场价值

学员在被重视、受尊重的氛围中更容易融入课堂，加上引导式培训工具的使用（如视觉海报、环境布局、引导式入场调查表等），都会让学员与老师之间、学员与学员之间轻松自在。重视学员的参与分享，争取在现场深入理解知识，让学以致用更加容易。针对培训中的一些难点和重点，培训师通过组织学员进行团队共创，让学员在体验、交流总结中形成自己的认知。通过不同的总结技术运用，如压迫式提问、大冒险竞赛、闭场圈分享等，让学员对所学知识内容不断加深记忆，为学习内容后期的转化、落地打下坚实的基础。

3．培训效果依赖流程而不是依赖人，更容易复制和推广

引导式培训倡导通过流程保证课堂的质量，而非老师个人的魅力。一方面，引导式培训对流程要求极高，每个环节都要精心设计、充分准备，才能达到预期目的。另一方面，大大降低了对培训师口才、幽默等难以培养的特质的要求，每位业务骨干都有可能成为一名优秀的引导式培训师。

2.3　成为一名引导式培训师

最近几年，越来越多的企业开始引进引导技术或邀请掌握引导技术的专业人士来为企业内训师提供引导技术的训练。随着培训师掌握的引导技术越来成熟，引导技术在培训中的应用越来越深入。传统培训在向引导式培训转型过程中，作为引导式培训的实施者，他们既不同于传统的引导师，也在培训师角色的基础上进行了进化，在此过程中便产生了"引导式培训师"这一角色。

2.3.1　引导师、培训师与引导式培训师

　　笔者在开展教学的过程中，经常会被学员问到这样的问题：引导师、培训师、引导式培训师三者的区别是什么？引导师聚焦在更高效地召开会议，推动组织或团队目标的达成，但引导师作为主持人，不参与内容的讨论与输出，也不评价参会者的观点，不干涉讨论的结果。培训师是基于自身的专业经验与能力，通过多种教学方法将知识与技能传递给学员，提升学员的知识与技能，或者改善其状态。引导式培训师则是"用引导的理念来达成目标"，在引导师和培训师两个角色之间进行无缝转换，将两个角色融合，以便让培训更加深入、有效、持续。三者的角色描述如表 2.2 所示。

表 2.2　引导师、培训师、引导式培训师的角色描述

角　色	描　述
引导师	引导师让团队更有效运作，群策群力，达成综合效果，在角色上是指引而非控制，不在于彰显自己的能力与魅力 引导师协助团队讨论，协助团队摆脱各抒己见的讨论，处理会议中出现的各种不同意见，促使团队达成共识 引导师的目标是让参与者找到解决问题的方法，共同做出行动承诺和计划
培训师	培训师通常在某一特定领域有精深的研究，培训领域与自身的专业知识、职业技能和从业经历强相关

续表

角　色	描　述
培训师	培训师需要运用教学设计的理念和方法，策划和实施培训项目，并从事教学活动，实现培训目标
引导式培训师	引导式培训师本质上是培训师，但在培训的不同阶段根据教学目标会担任引导师或培训师等角色 引导式培训师以学员为中心，掌握引导技术和培训技术，并将二者融合来实现教学目标

本质上，"培训"更关注内容，"引导"更关注流程，引导式培训结合了两者的优势，在关注内容的同时，强化对流程的设计，让培训效果得到保障，实现教学目标。图 2.2 "三种角色的关系"清晰地表达了引导师、培训师、引导师培训师三者之间的关联。引导式培训师居于培训师和引导师之间，是这两种角色的结合体，是用引导的理念和方法来做培训。

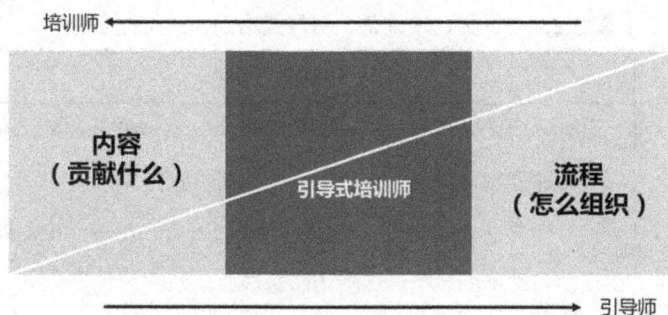

图 2.2　引导师、培训师、引导式培训师的关系

2.3.2　引导式培训师应具备的信念

引导式培训师虽然在课堂的很多环节会担任引导师的角色，但还是属于培训师的一种。相较传统的培训师角色，引导式培训师必须具备一些信念假设，才能更好地履行这一角色：

- 每位学员都是智慧的，只要条件许可，他们都有能力找到解决问题的方法。
- 永远不要把你的答案强加给学员，遇到问题"先问后答"，遇到挑战"先跟后带"，自己领悟远胜过直接灌输。
- 所有的成人都愿意分享、愿意帮助他人，只要培训师能让他感受到足够的安全。
- 学员可以感知培训师的态度，引导式培训师在培训中对学员要有发自内心的真诚和尊重。
- 眼高手低是成人学习和思考的惯性，让学员亲自体验比培训师精准的解读更有效。
- 集体讨论、互动比学员个人在大脑中得出的学习结论更准确，记忆更深刻。
- 学员自己找到解决问题的方法，在训后他们更愿意付出努力去实践。

2.3.3　引导式培训师的核心技能

引导式培训师的八项核心技能如图 2.3 所示。

图 2.3　引导式培训师的八项核心技能

1. 积极聆听

相比传统培训师，引导式培训师对聆听能力的要求更高，在接受信息、理解信息、确认反馈的过程中放下自己的结论，尝试走进学员的内心，表达对学员的关注，对参与分享学员给予肯定，对不善分享的学员给予鼓励。积极聆听有以下技巧：

- 说的比提问者少，聚焦在学员身上，尝试了解和理解他们。
- 关注学员在分享时的语调、态度和表达的变化，发掘更多可能的问题。
- 点头、微笑、目光注视等肢体语言，让学员更愿意分享和表达。
- 通过总结复述来确认自己的理解，并征得对方的认同。

2. 善于提问

在高效赋能的培训课堂中，提问总比陈述更有威力。提问可以产生有意义的对话，启发学员深刻思考。只有这样，书本的知识、老师的经验才能转变为学员的财富。引导式培训师要善于提问。善于提问有几个简单的标准。

- 简单清晰。问题描述简单、指令清晰，让学员一听就明白，容易思考和聚焦。

- 引发探讨。好的问题可以帮助他人/小组对其知识进行识别和重组，引发思考和探讨的兴趣，快速将外在的知识与技能转化为自己的。

- 突破假设。好的问题会激发全新的视角，会引发突破性思维，能挑战"理当如此"的假设，可以抛开各自的局限性。

- 开辟更多可能性。好的问题蕴含着产生解决方案的种子，有时培训师一个有效的提问就能帮助学员找到或产生一个全新的答案。

3. 观察反馈

对学员的观察是衡量流程执行是否到位的依据，同时给予适当的反馈更有利于学员推进学习。观察反馈主要包括内容和能量两个方面。引导式培训师在观察反馈方面的基本要求如下。

- 持续巡场。在学员进行小组讨论、个人作业等环节，培训师通过巡场及时观察规则的执行情况，发现规则执行不到位时要适时给予纠正。个别现象及时通过一对一提醒的方式来解决，普遍现象可通过"全班暂停"与"复述规则"等方式调整。

- 白板记录。学员分享时，培训师要通过白板纸记录学员不断浮现的观点。记录要求简单明了，便于把学员个人观点更清晰地呈现在其他人面前，让所有人能时刻看到发言内容。这样做也会让学员感受到被重视，能帮助学员在随后每一次集体分享时更加投入和深入。

- 快速整合。在学员分享时，培训师提取其观点的核心词，让学员的观点清晰、明了，便于记忆、传播。需要注意的是，一是要在充分理解学员本意的基础上整合；二是要和学员进行确认，如果含义不一致，需要立即调整和澄清。

- 关注能量。在连续讲解 15 分钟后，正在输入较难知识点或该时段是犯困时间段时，要注意观察学员的能量状态。如果此时学员打哈欠、不再积极互动或感觉氛围沉闷时，建议采用以下方式充能：一是多元化的教学活动，如提问、小组讨论、知识测试等；二是稍微调整一下流程和时间。

4. 进度把控

在培训的讨论、分享和共创等环节，要确保在规定的时间内完成既定的议程。当有人偏离培训主题和讨论话题时，培训师要及时复述流程和时间要求，有时甚至要调整流程和时间，引导学员聚焦到主题上，避免耽误进度。引导式培训师在进度把控方面需要掌握下列技巧。

- 注意时间的把控。培训开始时设置时间规则，如"准时开始、准时结束"，并解释该规则的含义与重要性。在研讨过程中，及时提醒学员注意时间。

- 设立计时员。培训师负责全班的计时，并用大屏幕的方式投放出来。将小组内时间管理的权力授权给各小组，由组长安排一个计时员。一般来说，各小组在随后的讨论环节对时间的控制会有非常明显的进步。

- 及时给予干预。培训师在发现学员跑题时要及时帮助学员调整讨论方向，回到主题。需要注意的是，干预时尽量使用引导式提问。
- 设计"停车场"。在培训班侧面的墙上张贴一张训前准备好的培训海报，上面写上"停车场"字样。如果有人跑题，可以通过引导将值得讨论的话题书写在便利贴上，张贴在"停车场"海报上。培训师可以适当处理其中的问题。如果培训结束前还有时间，就可以继续讨论这个话题，或者课间与问题提供者单独交流。

5．流程设计

引导式培训需要培训师进行细致的流程设计，用流程推动课堂进程。一般而言，流程设计包括整体流程设计、活动流程设计和流程调整三方面。

- 整体流程设计。在培训前设计好详细的培训议程表，包括准确的角色定位、教学物资准备、整体时间安排和阶段性学习成果界定，以及在培训准备、开场导入、激发兴趣、知识输入、构建场域、深层互动、总结关闭等不同场景下选择的引导工具。
- 活动流程设计。在重点学习内容的教学环节，提前设计好引导活动的流程，制定清晰的流程步骤，明确每个步骤的规则和常见问题。一般来说，每个引导工具都有其明确的步骤和规则，需要做的是选择合适的工具，根据情境加以优化和细化。
- 流程调整。尽管整体流程和单一活动流程都清晰地设计好了，但是在实际培训中常常会因为现场学员的状况而对流程进行调整。流程调整以关注学员体验、实现教学目标为依据，同时需要引导式培训师自身经验的积累。流程调整的内容包括时间调整、环节增减、暂时搁置、话题转换等。

6. 系统整合

系统整合是指培训师能从内在的逻辑、外在的形式等方面进行整合，归纳总结并引导共识，帮助学员把课堂信息变成自己的知识和技能。系统整合一般包括浮现假设、整合观点、归纳总结三个方面的内容。

- 浮现假设。引导式培训师要关注学员背后的逻辑和假设。如果在呈现和倾听对方观点时，没有表达出或没有理解对方观点背后的逻辑和假设，就会出现"你讲你的、我讲我的"的情形，导致讨论偏题。所以培训师要让学员观点背后的假设浮现出来，确保所有人在同一频道上。

- 整合观点。无论是在小组里还是全班层面，整合参与学员的观点都是重要的。在发散思考之后，培训师要帮助参与者整合观点，达成集体的共识。具体做法是，一方面掌握整合观点的方法和工具，如白板记录、团队列名、九宫格、2×2 矩阵等；另一方面关注参与者的感受，获得他们的理解与认同，让观点变成共识。

- 归纳总结。培训师要把很多想法及时归纳起来，尤其是一个环节结束之后。通过培训师的归纳总结，大家可以快速达成共识。相比传统培训师，归纳过程要更加关注以学员的成果为核心，以培训师的观点为补充。总结时，要指出成果的内在逻辑性，而不仅仅进行简单的呈现。

7. 管理失当

培训中总会有一些情况是培训师不希望看到的，如迟到、早退、刷手机、沉默不参与、私下讨论、处理其他工作、负面评论等。这些情况难以完全避免，但作为引导式培训师可采取哪些策略把控培训过程呢？

- 预防策略设计。在培训前，根据掌握的组织学习文化特点、学员基本情况等信息，设想可能出现的不利局面，然后主动通过学员分组调整、课前规则制定、与特定学员单独交流的方式，预防不必要的情况出现。例如，有一次在给某股份制商业银行讲"TTM"（培训培训管理者）这门课程时，得知 30 人的学员里有 5 人是分行的行政综合部总经理，他们是"被强迫"来参加本次课程的，因为培训工作仅仅是其管理范围极小的一部分。在培训开始前和课间休息时，笔者与他们单独进行了沟通，倾听了他们关于培训的一些看法，分享了笔者个人的感受以及课程中可以迁移的技能目录。随着培训的推进，这几位总经理的参与度越来越高，结束两天的培训后，他们一致反馈这次学习让他们收获颇多，课程中介绍的很多培训工具都可以用在自己的管理工作中，同时也对培训有了新的认识。

- 早期识别应对。当发现小组里有人身体后倾、摇头、皱眉、叹气、沉默，甚至抱怨时，虽然这些学员表现出来的失当行为不是很明显，程度也不强烈，但引导式培训师越早介入，干预效果会越好。这时的干预相对含蓄和简洁，通过指向性问题、眼神鼓励、带头鼓掌，或者暂停说明规则，就可能将游离课堂的学员拉回到培训场域中。

- 常见问题应对。在长期的培训实践中，有一些非常具体的失当行为出现的频率较高，培训师可以通过通用的步骤进行应对和改进。这些常见的失当行为包括使用手机的频率过高、沉默旁观者状态、较高比例的迟到、个别学员侃侃而谈影响组员、活动超时严重、讨论中观点针锋相对过于激烈、情绪与言语过激、与培训师唱反调、经常插话打断他人……有时直接干预是无效的，就像当发现有好几位学员都在看手机时，培训师立刻说"请你们把手机放下，把注意力集中到课堂中"，这种处理经常得不到想要的结果，甚至降低培训师的权威性，可能使学员产生更严重的抵触情绪。培训师可按照三步骤来处理：一是先理解现象，通过规模、程度判断学员行为的合理性，换位思考；二是找到自身原因，分析出现这种情况的根本原因，判断是否是培训师的策略和行为需要调整；三是提供解决方案，调整好自己的策略和行为后，如果涉及学员自身的问题，或学员之间的冲突，就要提供应对策略与学员达成共识。通过上述三步骤处理失当行为时，引导式培训师要注意积累常见问题的应对策略。

8. 角色转换

引导式培训师的角色到底是培训师还是引导师呢？答案是需要在不同角色之间进行转换，也就是说，在不同的培训时间节点戴上不同角色的"帽子"。

- 引导师角色。一场培训中，当在集体探询、分享交流、处理分歧时，戴上"引导师"的帽子，主要工作是关注流程的推进和全体学员的状态，不参与内容的讨论，不把自己的思考和答案掺和在引导过程中，不影响各小组的决策和成果。这个阶段少输入，多让学员探索，"试错"本身也是一种极深刻的学习方式。例如，培训师在分享了一个案例，要求各小组讨论此案例反映的问题时，在各小组讨论、分享和整合的过程中，引导式培训师要通过提问让学员深入思考，让假设浮现，让学员分享最真实的想法。

- 培训师角色。针对知识密集型的课程，如技术类、产品类、项目管理类等，需要在训前的社群学习阶段、现场的新知输入环节戴上"培训师"的帽子，帮助学员快速界定信息，理解知识。

- 转换原则。当引导环节结束后，可能从"引导师"的帽子换成"培训师"的帽子，此时可以在学员成果的基础上分享培训师的答案。由此看出，"引导师"和"培训师"的角色不是固定的，而是以培训效果为出发点，根据场景灵活转换"引导师"和"培训师"的帽子。原则上，在时间允许的情况下，尽可能戴上"引导师"的帽子，开启一段探索之旅。

2.3.4 引导式培训师的三个层级与行为表现

1. 引导式培训师的三个层级

根据在培训中的行为表现，我们将引导式培训师分为初级、中级、高级三个层级，每个层级代表了其运用引导技术提升培训效果的能力高低。三个层级的定义与描述如下：

- 初级能应用引导式培训的原理优化改造自己的课堂，在培训课程的开场、解读、讨论、练习、总结等各个环节有机地嵌入不同的引导式培训工具和方法，快速提高学员的参与度和培训效果。
- 中级能够根据教学目标，系统化设计引导式培训的全流程，深刻理解引导式培训的核心理念，以学员为中心，在引导过程中关注细节，有效管理失当行为，塑造和维持一流的培训场域。
- 高级能将引导技术灵活融入各类培训场景中，通过培训师与引导师身份的无缝转换，实现培训能量的自然流淌，让学员真正成为课堂的主角，在解决问题、达成共识中实现教学目标。

2. 引导式培训师行为分级测评

请回顾你的培训课堂场景，结合表 2.3 中各层级引导式培训师的行为能力描述，来测试自己引导式培训技术的强项和短板。具体内容本书后面几章会讲述。你可以根据自己的实际情况有选择地学习。这些行为描述完全符合的画"☺"，完全不符合的画"☹"，介于符合和不符合之间、偶尔会做的画"☺"。

表 2.3　引导式培训师行为分级测评表

初级：

序　号	行为描述	自我测评
1	理解引导式培训的概念，能够正确阐述工具原理和使用方法	
2	按需准备好培训所需各类物资，结合培训场地现状、学员情况等因素做好场地布置，使学员身心愉快	
3	正确运用 3~5 个核心引导工具，打破学员与培训师、学员与学员、学员与主题之间的陌生感，建立网状有效链接	

续表

序　号	行为描述	自我测评
4	简明清晰地向学员说明引导工具的规则和使用要点，并在工具使用过程中观察学员的使用情况	
5	在引导过程中，有效管理时间，采取适当手段调整讨论、练习、提问等环节的时间进度	
6	对学员的优秀表现和进步，给予具体和及时的赞美与反馈，让学员融入课程	
7	必要时，清晰地记录学员的答案要点，适度进行归纳总结，帮助学员形成完整记忆	
8	在开场、过程学习、总结回顾时，指导运用多种方法激发兴趣、引发思考、积极参与、掌握重点	

中级：

序　号	行为描述	自我测评
1	根据课程需求，运用多种引导工具系统化设计引导式培训的议程	
2	明确引导式培训的全流程操作步骤，包括工具使用、时间分配、任务产出，引导参与者有效执行每个步骤	
3	出现冷场、气氛沉闷、抵触情绪等失当行为时，采用合适的引导工具促进学员之间的交流与互动	
4	发现学员的研讨内容或成果有方向性错误时，及时进行有效干预，并重新达成共识	
5	针对学员的回答，运用引导式提问工具，挖掘更深层的有效信息，浮现假设	
6	出现不相关讨论等严重偏离主题的行为时，快速做出反应，回归正常研讨	

续表

序　号	行为描述	自我测评
7	管理学员的情绪，让学员感知处于安全、公平、被尊重、愉快的学习环境中	
8	塑造和维持培训的场域，培训师能用三级能量来推动培训进程	

高级：

序　号	行为描述	自我测评
1	关注培训发起人的需求，进行阶段性复盘与确认，根据现场情况及时调整，优化引导流程或方向	
2	培训前重新了解目的、人员、场地等信息，提前预见研讨会可能出现的难点问题，做好相应的预案	
3	研讨过分消耗时间时，快速整合多方信息，区分不同意见或分歧的核心，提供清晰有力的建议，推动研讨进程	
4	学员陷入价值观争辩或人身攻击时，第一时间给予有效的干预，恰当地管理学员的失当行为，维持引导场域	
5	根据课堂进度，随时转换培训师与引导者的身份，实现教学目标，体现引导式培训的独特价值	
6	能够将参与者、引导师、环境自然地结合，在引导式培训工具的操作中，关注学员感知，实现能量的自然流淌	
7	能够设计多场景下的引导式培训工作坊议程，如课程开发研讨会、培训需求调研会、岗位工作任务梳理研讨会等	
8	在培训类工作坊中，按照工作坊议程，综合应用引导式培训的工具进行有效引导，帮助参与者解决问题或达成共识	

附：自测结果记录与总结表

我可以巩固和创新的行为能力（那些画☺的行为能力项）：

我需要大力提升的行为能力（那些画☹的行为能力项）：

第 3 章

培训前的准备

3.1 | 了解培训学员

　　王老师正在讲授"人际沟通技巧"课程。现在课程刚刚进行到"向上沟通"部分，他发现第二组在讨论向上沟通原则时大部分组员表情尴尬、沉默不语，只有一个人在发言。他走过去试图干涉发言人并鼓励其他学员发言，但似乎没有明显的作用。课间休息，他趁着那位"唯一的发言者"离开之时，询问了第二组其他成员沉默的原因，这才知道原来发言的那位学员是其他组员的部门主管。

　　"老大在告知我们应如何向他汇报工作。"同组一位戴眼镜的女学员无奈地笑了笑。王老师忽然意识到了问题所在……

　　与传统讲授式的课堂不同，引导式培训强调学员在课堂中的参与、研讨和互动。为了确保这些教学环节能顺利开展，取得预期的效果，培训师一定要在课前了解学员的工作内容、能力状况、面临的挑战和问题、学习偏好等，并基于这些信息灵活调整课程内容和授课节奏，选择适合的引导方式和工具，设计有针对性的能充分激发学员兴趣的研讨话题等。

　　理想的情况是在培训实施之前，培训师通过接触业务部门的管理者、项目发起人、培训负责人，运用相关的需求收集渠道来获取更多关于学员的信息。

3.1.1　了解学员的渠道

1．资料查阅

通过查阅相关资料，快速了解学员的基本状况，包括岗位信息、过往培训经历、培训效果总结、培训方式偏好等。

2．一对一访谈

通过访谈的形式比较深入地了解学员代表的观点和诉求。这种方式能让被访谈者真实地表达自己的观点，培训师获取的信息也更全面、更有深度。为了确保访谈达到预期目的，培训师需要提前确定访谈的对象、时间、地点、主题和提纲，选择比较合适的访谈形式（如电话访谈、视频会议、现场交流等）。

3．调查问卷

与一对一访谈相比，问卷调查的方式可以更广泛地获取学员的需求，帮助培训师确认课程的重点内容和授课方式。调研问卷设计时应从填写人的角度出发，应基于课程内容设计且题目不宜过多，一般以 10 分钟内完成为参考标准。

4．现场观察

通过在工作现场（如运营商营业厅、银行网点、呼叫中心、工厂生产线、管理会议现场等）对学员的工作状态、动作规范进行观察，获取真实的第一手材料。

在实际培训中，因为会受到各种因素和条件的限制，培训师可能无法通过上述四种方式深入获取学员的信息。在更多的情况下，自己手中的有效资料可能只是一纸学员名单，那么下面就来看一看如何通过学员名单来快速了解学员。

3.1.2　了解学员的关键信息

通常，学员名单包含学员的姓名、性别、部门、职位等基本信息。在这些信息中，培训师应着重了解三个方面的信息：学员的职级、学员的性别和学员所在的部门。

1. 了解学员的职级

在培训的研讨环节，培训师都希望学员之间的思想和言论彼此平等、开放、自由，"一言堂"想必是任何一位培训师都不希望看到的现象。参加培训的学员可能职级不同，如果组内有一位以上的"高位"人员，那么其他学员的话语权将会有被剥夺的风险。有时，"高位"人员有其独特的作用，例如，在讲解"目标分解和任务分配""绩效管理"这类可形成课后行动计划的课程时，"高位"人员的参与可以帮助团队确定下一步的工作计划。而有些课程，"高位"人员可能会成为讨论的"杀手"。例如，在讲解"影响式激励"，或者如案例中所描述的"向上沟通"课程，上下级处于同一个小组，很可能会让彼此十分尴尬。因此培训师必须提前得知学员的职级，并基于课程特点酌情考虑。如果需要"高位"人员发挥其价值，可以委任其为组长，或授权其主持全班决议。如果需要限制"高位"人员的主导，则可以在分组时不将他们作为学员入组，可作为旁听嘉宾。在培训的一些关键环节，邀请其进行点评和纠偏，或者将"高位"人员分至同一小组，使小组成员之间言论彼此平等。

2. 了解学员的性别

一般来说，女性的言语可能更注重"情感与关系"，而男性的言语可能更注重"权利与效果"。当身处一个全员女性的小组中时，就会出现讨论缺乏决策、思维过于发散等问题；同样地，在全员男性的小组中时，会更容易出现决策权争夺的现象，大家都会试图说服对方，努力成为最终正确的人。因此，在分组的过程中，要保证每个小组内男女学员兼有，这样能让学员充分发挥各自的特长，提高学员之间交流、学习的质量。

3. 了解学员所在的部门

当培训师看到学员的部门和职务信息时，大体已经能够判断哪些学员可能彼此之间熟识。问题是，在学员分组时是将他们尽量分开，还是将他们尽量聚集在一起？

两种分组方法都有其独特的价值。在培训中，熟识的学员从进入教室后就容易聚集在一起，这对课堂纪律、对培训讨论的深度是一种挑战，因为研讨过程中有不同视角的观点经过碰撞之后可能会达成更有价值的结论。所以，从培训主题的角度来看，如果培训主题是"团队绩效改进""问题分析与解决"等课程，需要将同部门的人安排在同一个课题组，以便更好地讨论；如果培训主题是"创新思维""跨部门沟通"等需要彼此激发、多角度思考、产生新观点的课程，请毫不犹豫地将彼此熟识的学员分开，避免"酒吧式闲谈"。

3.2 设计课堂布局

培训酒店原本预订的中型会议厅的中央空调临时维修导致无法使用，李老师的课程不得不被更换到一个不到 100 平方米的小型会议室中。在培训前一天的布置会场过程中，李老师根据培训场地的大小特意更换了比之前小一号的课桌，并叮嘱会务人员在课间务必及时开窗开门通风。

"虽然看起来还是有点拥挤，但是至少不会让大家觉得喘不过来气。"李老师十分满意地看着布置后的场地，离开了教室。

然而，第二天状况还是发生了。在世界咖啡的环节中，所有学员都在狭小的环境中你推我挤，甚至还出现了好几次学员险些被椅子绊倒的情况，整个场面乱作一团、难以控制。李老师开始后悔自己竟然忘记考虑教学活动与场地的匹配性……

引导式培训相较传统培训对场地、设施设备的要求会更高，原则上培训师需在授课的前一天（或至少预留 2 小时）到培训场地进行布场。因为培训师走进培训课室，经常发现课堂的布局与自己期待的大相径庭，教室的形状可能是狭长的，可能是正方形的，甚至可能是不规则的。教室的大小也千差万别，可能 20 人的培训却因为中型会议室被临时租用准备了一个 200 平方米的大型阶梯教室；也可能 40 人的培训，只有一个 50 多平方米的会议室可用。如何做到因地制宜，在既定的客观环境下，通过课堂布局的设计，让学员在培训中更好地链接和互动？

以上这些问题都是需要培训师提前考量的内容，尤其是引导式培训师还需要根据当日的培训场地情况调整教学环节安排。下面从两个方面向大家介绍"布场那些事儿"。

3.2.1　整体场地规划

可以先想象一个舒适的学习环境，如温暖的阳光、适宜的温度、舒适的座椅、安静的空间……这些都使学员感受良好，并在一定程度上可以帮助学员提高专注力。下面，归纳一下培训场地选择的标准。

第一，教室的通透性。之所以把通透性放在第一位，是因为其具有不可改变性。培训师无法将没有窗户的房间凿出一扇落地窗，但是可以在预订教室时提前向会务方要求——教室需备有窗户，但避免窗户向东或向西，直射的阳光可能会令部分学员感到不适；教室的灯光尽量选择白光灯而不是黄光灯，避免学员因为光照昏暗而瞌睡。

第二，教室的温度。室内空调温度尽量要可调节，特别是夏天，下午培训开场前调低场内温度 1~2 度有助于学员提神醒脑。而冬天则要调成能让学员"脱掉大衣"的温度，以方便学员进行场内互动。

第三，培训场地的大小。原则上在引导式培训中建议学员的分组不要超过 6 组，学员总数不超过 40 人（每组人数控制在 8 人以内），否则会影响整体的互动性及培训效果。具体到教室面积，建议分 4 组时选择 70~100 平方米的场地，6 组时选择 130~160 平方米的场地，选择教室的高度一般是 3 米左右。

第四，教室的墙面是否可用。在引导式培训中，需要足够的墙面区域张贴培训海报、布置研讨墙、展示研讨成果。最理想的情况是教室有一面完整光滑的侧面墙或教室后墙。有些场所墙面有国画、油画等艺术品，墙面空间就会很有限。在一些酒店等公共场所，业主担心会损坏教室的墙面，经常会遇到不允许使用双面胶的情况。

在实际课程准备过程中，很难全部满足培训场地的选择标准。相信很多培训师都遇到过场地过于宽阔或过于拥挤的情况。那么，可以通过什么方法改善？布局时又应当注意哪些问题呢？

1. 场地拥挤

如果培训教室过于窄小，那么培训师一定要注意教室整体的通透性，即最大限度地避免教室的封闭感，毕竟不会有人喜欢被关在电梯里一天的感觉。这时培训师可以做的第一件事就是观察教室的门窗。如果可以调换，请尽量选择窗户和门面积最大的场地，并在培训过程中尽量保持自然光和自然风的透入。

另外，培训师可以规划小组分配位置，减少课桌拼接面积、使用占地面积小的座椅（但要保证舒适度）、调整小组课桌的位置与朝向（如摆正鱼骨形课桌，减少横向面积的占用）。但需要注意，教室的小组布局一定要留出培训师进行平行及前后位移的通路，保证培训师可以全方位地关注到学员。

2. 场地宽阔

当教室的场地过大时首先要注意的是如何使学员"聚能"。使学员的能量集中，这样可增加学员对学习环境的安全感从而高效投入课程的学习中。最直接的做法就是保证学员之间座位距离不要过远（小组间也同样），尽量避免将学员过度分散在教室中（推荐每个小组的间距不要超出 4 米）。而在实际培训中，可以通过"填充"和"围场"两种具体措施进行改善场地过大的情况。

- "填充"是指在教室四周适当增加物品摆设，如将茶歇台从教室外摆进教室内，或者在不影响教室整洁度的情况下添加方桌平铺在教室周围，以缩小教室空间。

- "围场"，顾名思义，是指可利用屏风、海报架、KT 板等物品立于小组外围（如有条件，还可在 KT 板及海报架上绘制与培训相关的视觉元素、张贴课程海报、布置照片墙等），从而达到视觉上聚焦的效果。

同时在教学设计方面，尽量设计能使学员在场地中间移动交流的环节，以提高场内的整体能量值。如果培训场地是桌椅无法移动的阶梯教室或多媒体教室，则可尝试让左右相邻的学员两两讨论，相互交换观点，在提问时注意关注教室后方的学员。

3.2.2 桌椅布局规划

在布置培训场地的过程中，桌椅摆放也是十分重要的环节。根据培训场地的空间、培训课程的类型、所设计的教学方法等内容的变更，可以采取不同的布置策略。以下是引导式培训中几种常见的桌椅摆放类型，分别是鱼骨形、操作台形、U 形及 O 形。

1. 鱼骨形布局

鱼骨形布局在引导式培训中最为常见，中间的过道可以方便培训师的移动，以和全场每个小组达到良好的互动氛围（见图 3.1）。鱼骨形布局有利于学员进行小组讨论，建议同一场地分组尽量不超过 6 组（4~6 组为宜），且组数尽量是偶数而非奇数，每组人数保持 5~7 人。组数过多会导致研讨环节控场难度增加，组数为奇数可能会限制竞争类活动的效果，而组内人数的多寡则会影响研讨成果的质量及学员的参与程度。根据场地条件，可以将鱼骨形布局横向排布。

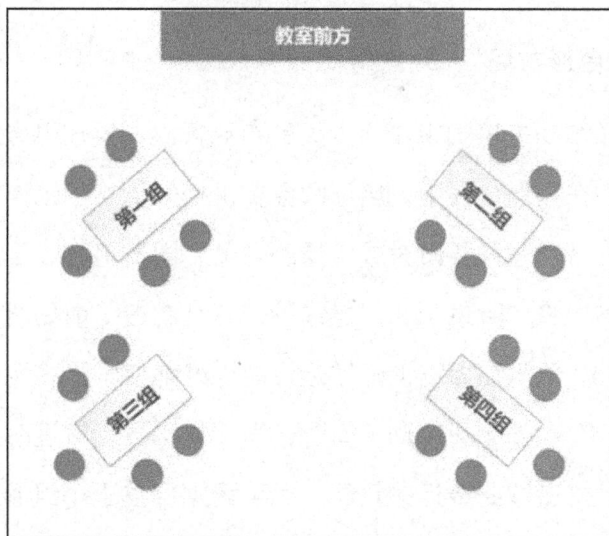

图 3.1　鱼骨形布局

（1）特点

● 培训师与学员互动良好。

- 小组内交流畅通，易于开展小组、团队型教学活动。

- 培训场域较易构建。

（2）注意事项

- 参训人数受限，跨组交流可能受影响，控场难度提高。

- 桌椅摆放时应保证场中央过道宽敞以方便培训师移动，近距离同每个小组进行良好互动。

- 教室前方的小组应注意不要离投影幕布过近，两侧学员会因视角过小影响到课件的观看。

- 当培训天数大于 2 天时，可根据情况进行适当换座位，尽量保证每个组都有坐在前面听课的机会，增加学员的整体参与感。

2. 操作台形布局

操作台形布局是培训中较为少见的布局模式，但在引导式培训中很有实用价值。在授课过程中，培训师会在讲授知识、示范等环节把学员集中至前半场就座，需要研讨或实操的环节，学员将移步至后半场的桌组。这样的布局将"听讲"和"操作"分开，制造了前后两个不同的场域（见图 3.2）。前半场离培训师较近，能更好地使学员将目光集中在培训师的身上，有利于全场互动。同时，学员与学员之间没有了桌子的空间隔阂，更易打造彼此亲近的氛围。后半场则侧重于小组形式，注重团队活动的实施。

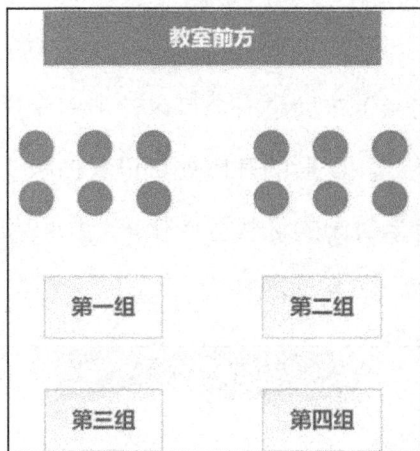

图 3.2　操作台形布局

（1）特点

- 有效进行场域转换，营造训中学习氛围。
- 小组、团队型教学活动易于展开。
- 场地布置针对性强，学员体验良好。

（2）注意事项

- 场地过小时不宜采用此类布局方式，容易导致场地过于拥挤，培训效果下降。
- 培训过程中学员需要前后移动，如果课程中有大量讲授和研讨交叉的环节，不建议使用该布局，因为频繁的移动可能会使培训场面混乱，而且学员会在不停地换座位中感到疲劳。
- 后场团队活动中培训师距离较远，控场难度提高，应尽量避免学员过于混乱影响课堂纪律。

3. U形布局

U形（又称马蹄形）布局是一个可以让所有学员相互之间都能看到对方的布场（见图3.3）。U形的开口处可设置白板、海报架、投影等便于培训师授课，同时半封闭的环状可以使培训师和每一个学员的距离相等，非常有利于一对一的互动。

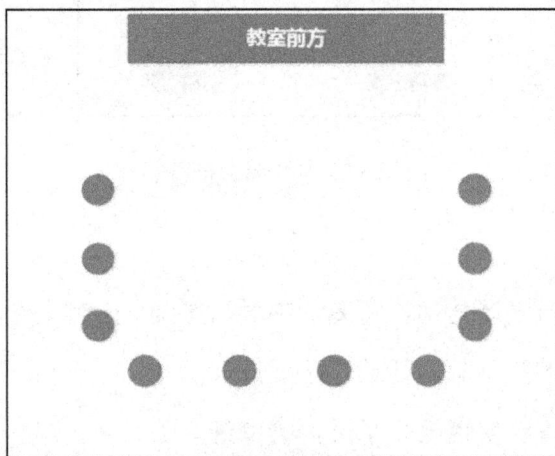

图 3.3　U形布局

（1）特点

- 学员个体间互动便利。
- 培训师易于控场。
- 培训场域较易构建。

（2）注意事项

- 在桌椅摆放时应注意最两侧边缘学员的视野问题。
- 可根据培训内容决定是否需要摆放课桌，无桌状态更有利于学员与学员之间、学员与培训师之间的交流。

- 在分享环节，培训师可就坐于学员当中，拉近与学员的距离，帮助学员提升培训效果。

4．O 形布局

O 形和 U 形相比是一个完全闭合的布局，这类封闭式的排布会十分有益于培训过程中场域的构建（见图 3.4）。O 形布局不适宜摆放课桌，因此全员（包括培训师）将处于一个面对面"促膝长谈"的状态，适用于个人参与的分享环节，如开场环节和关闭总结环节。同 U 形布局一样，O 形布局也难以进行小组内的研讨。

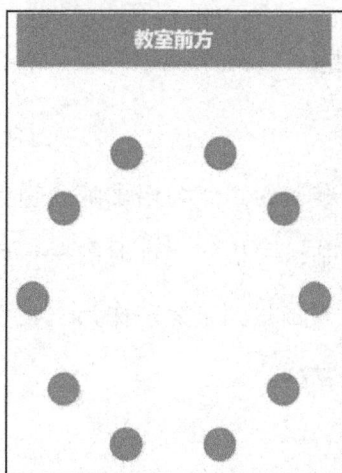

图 3.4　O 形布局

（1）特点

- 学员个体间互动便利，个人参与感强。
- 培训师易于控场。
- 培训场域容易构建。

（2）注意事项

- O 形布局在椅子摆放时可以适当考虑让学员间更加亲密，减小椅子间距，以学员间不会直接碰触到彼此为准。
- 当时间有限需要分组进行分享时，可将大圆拆成 2~3 个小圆。
- 培训师可根据分享内容选择"参与"与"旁观"，即进入圈内成为分享、主持的一员，或者在圈外聆听学员发言。"参与"时突出培训师的亲切与融入感，而"旁观"时则突出培训师的中立与权威感。

3.3　准备培训物料

在进行前期的物料准备时，作为培训师会想到哪些可能使用到的培训用具？海报纸、便利贴、白板笔、计时器——可能许多形形色色的东西都会出现在脑海中。下面罗列了大家作为一名引导式培训师可能会在培训过程中使用的几类物料。

3.3.1　纸类

海报纸（或俗称大白纸）及 A4 纸是培训师授课过程中最普遍使用的纸张，前者可用于团建、小组展示等环节，后者则常用于笔记草稿或自制名牌等。除此之外，在引导式培训中，通常会伴有大量的小组研讨及呈现环节，这些环节会根据教室条件及具体研讨形式的不同配套使用便利贴和卡纸（例如，当教室墙面无法张贴研讨墙时，就可利用大白纸和小型便利贴制作一个"mini 研讨墙"），具体规格参照表 3.1。

表 3.1 纸类说明表

名　　称	图　示	使用要点
海报纸		考虑到部分海报架是使用双钉固定的模式，请尽量选择上方附带圆孔的海报纸，以防出现无法固定的问题 建议尺寸：60cm×90cm
A4 白纸		除了呈现观点和方案外，A4纸也会用作学员研讨和思考时的草稿纸，因此建议提供给每组的白纸数量要充足
多色卡纸		用于教学中的各类研讨、分享环节，由于卡纸颜色丰富，可灵活用作区分小组、个人、主题等 建议尺寸：13cm×7.5cm
网格便利贴		单色，比多色便利贴稍大，网格分布可帮助学员进行工整的书写 建议尺寸：15cm×10cm
多色便利贴		当研讨墙版面较小时，建议使用小型便利贴进行观点呈现（通常匹配海报纸使用），规格是正方形

3.3.2 笔类

笔类也是培训的基础物料之一。在这里有两点需要特别提醒。第一，如果培训中设置了研讨及小组呈现的环节，请提醒学员使用粗头白板笔（或水性马克笔），避免使用油性记号笔，由于油性笔透纸性强且不易擦洗，很容易对学员的私人物品及课桌产生印痕。第二，善用"颜色"活跃培训气氛。在引导式培训的标配物料中，每个小组通常都会配备一盒彩笔。彩笔可以在破冰环节中使用（如绘制一幅他人的肖像画），也可以帮助学员进行笔记的重点标注，更重要的是在小组呈现环节中，色彩及图像的使用可以更好地体现每组的独特性、创造性，帮助学员激活右脑、发散思维。培训中笔的选择可参照表3.2。

表 3.2　笔类说明表

名　　称	图　　示	使用要点
白板笔/马克笔		白板笔一般会使用红、蓝、黑三色，为小组共用。通常红色笔每组 1~2 支，蓝色+黑色笔需要等于或大于组内学员数
水彩笔		12 色或以上，每组一套
签字笔		即使主办方未做要求，也请培训师适当准备签字笔，以提供给那些忘记带笔的学员

3.3.3 活动用具类

引导式培训中可能会通过研讨环节共创成果，也可能会应用小组竞赛的形式激发学员积极互动。这些教学活动需要用到研讨墙、投票点、白板架等活动用具，根据教学环节设计培训教室的场地情况，可灵活选择表 3.3 中的工具。

表 3.3　活动用具类说明表

名　　称	图　　示	使用要点
研讨墙		用于视觉化呈现学员观点，应根据培训场地墙面的分布情况，选择合适的尺寸（在墙面过小的情况下，推荐每组使用海报纸+海报架的形式代替研讨墙） 建议尺寸：200cm×180cm
海报架		可用于培训师的板书呈现，也可用于学员小组讨论，如果场地条件允许，推荐每个小组都有一个海报架，便于进行组内研讨及呈现 建议尺寸：60cm×90cm
大铁夹		对于那些没有固定器的海报架或大白板，培训师应提前准备一定数量的大铁夹。铁夹比磁石贴固定海报的效果更佳
大白板		通常用于培训师书写板书，可以和海报架二选其一 建议尺寸：120cm×200cm

续表

名　称	图　示	使用要点
投票点帖		可用于对观点或答案进行投票，或者用作对学员的计分奖励。不同的使用场景下可依据需求使用大、中、小号投票点贴（如在海报纸上进行条目投票时，应适当选用小型点贴）
美纹纸		用于张贴研讨墙，以及在没有喷胶的时候张贴学员的卡纸或便利贴。推荐使用不留胶痕的 3M 美纹纸
喷胶		可喷在研讨墙和海报纸上，以增强便利贴的黏性。如果需要对研讨墙进行黏性加固，需要分辨研讨墙的黏着面，粗糙的一面会更容易使喷胶附着其上。需要提示的是，由于喷胶在使用时会有一定的异味，因此务必于培训前一天提前喷在研讨墙上，并在培训教室适当通风换气

3.3.4　计时控场类

除上述基本用具之外，培训师需要特别注意对时间和流程的把控，因此计时和控场设备也必不可少。另外，如果培训中存在三次以上的组间交流环节，建议培训师考虑使用胸贴或别针胸牌来代替桌立式名牌。表 3.4 计时控场类说明表工具推荐作为参考。

表 3.4   计时控场类说明表

名　　称	图　　示	使用要点
计时器		帮助培训师在授课过程中把控时间和授课进度
铃铛		可用于时间叫停、上课传唤、安静提醒等，辅助培训师有效控场
胸贴式名牌		适用于组间成员互动频繁、学员在场地走动较多的情况。由于桌立式名牌不方便携带，因此在需要全场学员互动的培训中，希望每个人都能在与其他人交流的过程中"随时戴着自己的名字"
计分工具		当学员或小组获得加分、奖励时使用的计分道具，如投票点、扑克牌、点钞券等
谈话球		形式不限，可以是任何方便手持和传递的物品（如塑胶球、荧光棒等），持有的学员象征"拥有话语权"。通常用于闭场圈环节的学员感受分享，可以有效帮助其他学员聚焦在一个人的发言上

物资准备充分后，培训师还需考虑一个问题：所有的物资是同时摆在学员的课桌上，还是有部分物资是由培训师或助教即时发放、回收？

在引导式培训的课堂中，培训师应当致力于为学员创造一个整洁、自由、有秩序的学习空间，因此避免场地与桌面的杂乱也是打造良好培训环境的要点之一。除了每天培训结束后要对场地进行及时清洁（但注意不要清理掉学员思考或研讨的"成果"，草稿纸也应尽量保留），在这里建议各位培训师，不要认为提供给学员的物料越多越好，越齐越万无一失，而是要尽量"在最恰当的时机向学员提供最精准的物品"。例如，如果学员的课桌不够大，每个小组也没有配备海报架，那么大白纸请一定在使用它的环节再发放，避免长时占用学员的学习空间。

第 4 章

激发学习兴趣

2000 多年前孔子在《论语》中提出了这样的论述："不愤不启，不悱不发。"意思就是，要在学员心里想要明白却还没明白时再启迪他；要在学员想表达却又不知道如何表达时启发他。换言之，如果学员对知识没有需求、没有欲望，自己也不愿意思考，那么培训师的教学很难取得效果。

然而，如何能让学员产生欲望、产生思考呢？从培训师的角度，很难去强制学员对提供的内容有需求，但是可以通过一些特定的教学手段激发他们对内容的兴趣，带动他们对问题的思考。本章就带领大家一起学习如何激发学员的学习兴趣。

4.1 | 激发学习兴趣的三个原则

一门课程的培训开场通常由培训师自我介绍、培训规则制定、培训目标解读、培训主要内容介绍等环节构成。这些行为本身并不难，难点在于这些环节背后的要求和价值如何实现。无论是哪个环节，其开场阶段的共同目的都是让学员产生学习兴趣，保持注意力，投入课程学习中。所以一个成功的引导式培训的开场，重中之重就在于激发学习兴趣，并且将这些原理贯穿课堂的始终，让学员始终保持学习兴趣。

激发学员的学习兴趣受很多因素影响，如学员的学习风格、培训师的身份、培训师的职业形象、培训师对学员的态度、课程与学员需求的相关性、培训的环境和时间的选择、学习成果与工作考核的关系等。综合各类因素的考量，有三个普遍性的激发兴趣的原则是培训师所要遵守的。这三个原则就是 WIIFM（对我的价值）、ICDI（我能）、MMFI（感到被重视）。

4.1.1　WIIFM：对我的价值

WIIFM（What's in it for me?）：对我的价值。这个原则在很多领域都有应用，这个概念最初是指一个能够打动听众的演讲原则，它使听众了解到他们如何从演讲中获利，也可以说，这是一个表达策略和原则。更通俗地说，就是如何说服别人，或者购买你的产品，或者接受你的服务，或者接受你的建议……你给别人带来了好处，并且获得了对方的认可，那么对方才会聆听你，接受你的指点。从经济学角度来讲，这是等价交换。从培训的场景来看，WIIFM 原则对于成人学员而言，学什么和为什么学很大程度上受其内在动机的影响。美国教育心理学家奥苏伯尔认为，成人学员的学习动机由三方面的内驱力所构成：认知内驱力（以获取知识、解决问题为目标的成就动机）、自我提高内驱力（通过学习而获得地位和声誉的成就动机）和附属内驱力（为获得赞许、表扬而学习的成就动机）。基于上述三种动机，参加培训的成人脑海中活跃着一系列问题：为什么是我参加本次培训？这些内容对我有什么用？这些内容是我不知道的吗？学完这些内容对我自己的工作或生活有什么帮助，以及能帮助我解决什么问题？如果不学，会有什么损失？……

WIIFM 原则从一开场就贯穿在整个课堂中。培训开始培训师要明确地向学员传递：参加培训可以获得的收益，或者不参加培训可能面临的损失。

4.1.2　ICDI：我能

ICDI（I can do it）：我能。"我能"是网络上很出名的励志口号，众所周知，"我能"也是中国移动的口号。ICDI 代表的是信心被鼓舞，而信心是学习发生的基础条件之一。如果学员在开场被赋能了，有了学习的动力和成功的信心，就会愿意保持学习的兴趣。假如课程的主题符合了 WIIFM 原则，但内容过于复杂，超过了学员的认知水平，他们也会失去学习兴趣。或者，主题本身并不复杂，但培训师的演绎让学员难以理解，培训效果也会大打折扣。记得在大学课堂中，某门新的课程开学时，优秀的老师经常会告诉学员："这门课程对你未来工作非常实用，无论你在哪儿就业，这门课程中教授的方法都能指导你更好地管理资源（WIIFM）。课程内容虽然比较枯燥，但我会结合我的实践经历来讲授，只要在课堂中听讲了，我保证在学期结束这门课程时你们都能顺利地通过考核鉴定（ICDI）。"

同时，ICDI 的另一层含义是，内容不能过于简单，是要经过一定努力才可以实现的。美国心理学家阿尔伯特·班杜拉认为，只有具体的、有一定难度但通过努力可以实现的目标，才可以提高学员实现学习目标的责任感和效能感。培训师要让学员意识到自己的能力，让他们自己去思考问题、寻找答案。学员更愿意相信自己的结论，也才会更有信心将所学知识应用到实际工作中。

ICDI 作为激发兴趣的原则之一，同样贯穿于课程的始终，在开场、核心知识讲解、练习、讨论各个环节，都要创造环境让学员感受到这个环节可以发挥自己的优势，做出自己的贡献；可以充分表达自己的观点，帮助他人；可以通过学习做得更好。

4.1.3　MMFI：感到被重视

MMFI（Make me feel important）：感到被重视。人是社交动物，有了两个理性的原则之外，还需要将环境与自己的感受做链接，这就是第三个原则 MMFI。该原则主要表现为以下三点：一是对群体/整体的重视，如教室教学环境的精心布置、一幅幅精美的培训海报、教材的质量、培训师提前到场的行为，通过这些举动让学员感受到被重视；二是对学员的观点、行为、成果的尊重，培训师通过聆听、复述、记录、鼓励等方式在每个细节上表现出对学员的尊重，公平的环境让学员更放松；三是对学员的爱与信任，一个优秀的培训师必然是热爱培训的，从心里是爱学员、信任学员的，这样的信念会在无形中让学员感受到被尊重，这也是更高的境界和追求。在引导式培训中，因为有更多的互动研讨、群策群力，所以 MMFI 原则对学员全程全身心参与、持续保持学习兴趣有着重要的作用。

WIIFM、ICDI、MMFI 三个原则是激发兴趣的指导思想，也是培训师在激发学员学习兴趣时的行动指南。

4.2　激发学习兴趣的三大关键任务

传统培训中有"破冰"一说。"破冰"原意是指打破人际交往中怀疑、猜忌、疏远的藩篱，就像打破寒冬中厚厚的冰层。在网上搜索"破冰"这个词条，答案绝大多数都与"破冰游戏"有关，可见，很多人已经把"破冰"和"活跃气氛"画上了等号。我们知道的"七上八下""小雨、中雨、大雨""分组选组长""彼此问好""三真一假"等游戏活动充斥于课堂中，这些活动着实能够让课堂热闹一时，但游戏结束后、正式授课时学员又变得很沉闷。因为这些活动虽然吸引了学员的注意，但却没有起到激发学员兴趣的作用。所以破冰游戏和我们倡导的开场激发兴趣有着很大区别。

从培训师的角度来看，什么样的套路可以帮助我们更好地激发学员的学习兴趣呢？我们通过 10 多年的教学研究与分析发现，尽管激发学习兴趣很难，但通过分解，可以将学习兴趣的构成分解为三个最基础的要素：一是注意力，引起注意是激发兴趣的前提，只有关注了，才能有兴趣；二是内容联系，"引起注意"只起到了破冰的作用，起不到激发兴趣的作用，内容与自己相关才能进行有效连接；三是安全感，当学员无法确定课堂环境的安全时，就难以充分参与、积极互动。这三个要素同时具备，才能实现有效的兴趣激发。

基于这些要素，我们提出通过三个教学任务来推动学习兴趣的牢固建立。这三个任务按照内在逻辑的顺序分别是"引起注意——调动学习情绪""内容联系——快速融入课程""建立链接——拉近彼此关系"。下面逐一分析。

4.2.1　引起注意——调动学习情绪

引起学员注意比激发学员兴趣要容易得多。例如，在课堂上齐声问好、互相介绍、培训师声音起伏、做手指操、拍桌子、扫描二维码答题、播放视频等这些都会引起学员注意，让学员的注意力从手机、从私下交谈转移到老师、转移到课堂上。

所以，在课堂上要想有效激发学员兴趣，首先要吸引学员注意。

但凡通过设计引起了学员注意，学员一定会产生某种情绪。例如，在集体齐声问好、拍桌子、做手指操、互相介绍、团队组建等教学活动中，学员会产生好玩、兴奋、羞涩、抵触、焦虑、麻木、反感等不同的情绪。有些情绪是有利于课堂学习氛围的，有些是中性的，有些则是不利于课堂学习的。所以在引起注意这个环节，培训师如何通过教学活动的设计让学员在聚焦注意的同时，产生的情绪是对培训有利的，如新奇、好玩、兴奋、舒适、开心、期待……这是选择和设计引导式培训活动的直接依据，也是激发兴趣的必要非充分条件。

4.2.2 内容联系——快速融入课程

这里有两个关键词："快速"和"融入"。所谓"快速"，是指从课程一开始就要快速与课程主题相关，过渡的过程要短、平、快。如果铺垫太长，就会影响学员的感知，也会降低活动的效果。在培训稀缺的年代，冗长但好玩的开场即使与课程不相关，学员也能接受。但知识过载的今天，随着工作压力的增加，学员渴望学习显得更直接：即用即学、即学即用。

"融入"是 WIIFM 原则的直接体现。"对我的价值"是学员在培训开始前一定会思考的问题。只有认可了课程的价值，他们才愿意将精力放在学习上。所以引导式培训的设计需要与课程内容联系在一起，让学员意识到课程内容对其工作有帮助。

4.2.3　建立链接——拉近彼此关系

　　设想一下，我们完成了前两个任务，学员在课堂上已经被有效地引起了注意，产生了正向的学习情绪。同时，他们对课程的主题产生了好奇，希望通过本次学习提高自己的某项重要能力。这时，还有个问题影响着学员的学习状态，即"学习兴趣"的第三个要素——安全感。

　　以学员为中心的引导式培训，互动、体验、团队学习、群策群力是课程的主要组成部分。而学员在课堂上的安全感是这些互动能否顺利开展的重要前提，学员只有在安全感较高的环境中才会表达、分享，才愿意倾听。而安全感的产生就建立在成员之间相互链接的基础之上。这里的链接包括两类，即老师和学员之间的链接、学员和学员之间的链接。

　　快速拉近培训师与学员之间的关系，能够有利于提升学员在培训中的参与度和配合度；快速拉近学员与学员之间的距离，能够有利于提升学员之间的合作。在一些企业内训中，虽然学员与培训师之间可能因为工作关系彼此熟识，但消除跨团队与跨部门之间的隔阂、建立安全的分享氛围也是必不可少的。因此在引导式培训设计中，必须构建网络状的关系，让每位学员在课堂上都能平等地与他人建立链接，打破陌生人之间的隔膜，从而达到减少猜忌、建立信任、融入团队的目的。

4.3　激发学习兴趣的典型工具

　　结合培训场景的特点，我们从引导工具箱中提取了四种有效激发学员学习兴趣的工具，即培训入场调查表、视觉探索卡、引导式调研及翻转测试。这些工具对培训师而言相对易学好用，并在多次培训实践过程中被反复优化完善，能够与培训场景良好匹配。

4.3.1　培训入场调查表

早上 9:00 开始，王老师将主讲"信息化业务的顾问式销售技法"这门课。总共有 30 人报名参加了这门课，8:45 已经陆陆续续有 10 来位学员到了课堂。这时王老师手中拿着两支马克笔，来到教室正门边的一张培训海报前。他首先邀请已经到场的学员到海报前面来，接着简单介绍了需要学员参与的事宜，随后邀请学员按照自己的实际情况在海报纸上填写自己的信息。学员看见空表上有四个问题："您任职集团客户经理的年限？""营销工作中您的挑战有哪些？""您最希望学习的内容？""您希望的培训方式？"每个问题后面都有相应的四个选项供学员选择，学员只需在表格里写"正"字即可。学员在海报前边思考，边填写。随着学员逐渐到齐，表格内容表现出了多样性，体现出本次培训学员在各维度的不同现状，以及一些不同的观点。大家纷纷开始聊起营销中的困惑，聊着培训的期待，或者举着手机在拍不断变化的"培训入场调查表"。王老师看在眼里，时而回答学员的问题，时而提醒新来的学员完成"入场调查"。培训还没开始，但大部分学员已经开始融入课堂，彼此之间进行着深入交流！

1．什么是培训入场调查表

培训入场调查表是指在培训授课之前，为了解学员的现状和直接需求，激发学员的学习兴趣，针对学员和课程设计的一种调查表。该表一般在课程开始前让学员填写，如图 4.1 所示。

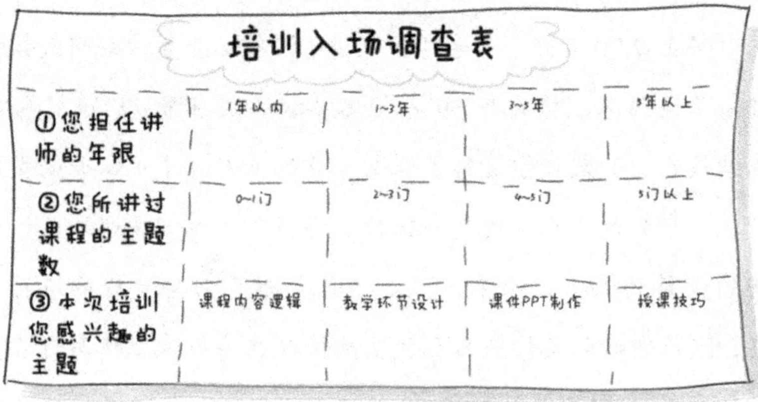

培训入场调查表

①您担任讲师的年限	1年以内	1~3年	3~5年	5年以上
②您所讲过课程的主题数	0~1门	2~3门	4~5门	5门以上
③本次培训您感兴趣的主题	课程内容逻辑	教学环节设计	课件PPT制作	授课技巧

图 4.1　培训入场调查表示例

2．培训入场调查表的作用

培训入场调查表是培训师了解学员，让学员快速融入课程并建立链接的有效工具。另外，培训师还可以通过培训入场调查表的结果，调整课程内容的侧重点，合理分配课程模块时长，调整授课方式。从应用角度出发，它有以下作用。

（1）了解能力现状，理解培训需求

通过设计与学员现状和能力相关的问题，便于培训师了解学员的现状和工作经验。例如，在“客户投诉处理五步法”课程中可以设计：您在客服岗位任职的年限（1 年以内、1~3 年、3~5 年、5 年以上）。

另外，设计与课程内容相关的问题，通过学员的勾选可以快速了解

学员的培训需求及关注重点。例如，在"顾问式销售技巧"课程中可以设计以下问题：您最想学习的内容？可选择项包括寻找和获取商机、接触开场、探寻需求、推荐产品、处理异议、促成交易。

（2）引起学员注意，调动学习热情

培训入场调查表一般张贴在培训教室入口处的墙上，学员在进入培训教室的第一时间就能看到。此外，培训师还可以通过培训入场调查表的结果，调整课程内容的侧重点，合理分配课程模块时长，变换授课方式。这样的变化会使学员感受到培训的人性化，提高他们参与的热情。

（3）建立网络状链接，促进团队学习

入场调查表填写完毕后，所有学员将看到最后的统计信息。对于培训师而言，可以了解学员的基本信息，调整课程侧重点，从而更好地满足学员的需求；对于学员而言，能够通过统计信息了解本班的基本情况和自身水平在本班中所处的位置，从而加深对班级整体情况的认识，初步开启学员之间的网络状关系结构，夯实团队学习的基础。

（4）作为互动抓手，提高学习体验

在培训过程中，培训师通过提问培训入场调查表中的情况，随时与学员进行有益、有趣的互动。例如，培训师在讲授过程中问：

> "我们班的学员很多都有丰富的内训师经验。从培训入场调查表的结果来看，其中有 5 位同学开发过 3 门以上的培训课程，请 5 位同学起立。"
>
> "希望在后面的培训中你们几位多多分享在以往开发课程中的经验或困惑。"

> "请问：能举几个你们开发课程的具体名称吗？"
>
> "在开发这个过程中最难的是什么？"

通过类似的提问，也可使学员之间自动产生链接。当学员遇到课程相关问题时，除了培训师之外还可咨询班内有经验的学员，形成良好的培训氛围。

3. 培训入场调查表的操作流程

培训入场调查表的操作难度较低、实施简单，但在调查问题的设计上需要注意。从问题准备到结果分析的具体操作流程如下。

（1）设计问题

首先确定通过培训入场调查表想要达到的目的——是了解学员现状，还是分析学员需求？以此来选择问题的角度。同时，设计的问题数量尽量不少于 2 个且题干描述要让学员一目了然。一般来说，3~4 个问题相对适当，每个问题题干尽量不要超过 20 个字。

（2）选项设计

好的问题要匹配合适的选项，且要纵横搭配，使学员易于填写。以下三类问题可供大家参考。程度型选项："你对视觉引导的了解程度？"选项为没听说过、听说过、接受过培训、接受过培训并在工作中应用。程度型问题一般用于新概念、新技术类课程，以快速了解学员的认知水平，在问题设计时应避免"知道""了解""掌握""精通"等描述程度的词汇，以便学员填写。场景型选项："你平时都在哪些场景使用 PPT？"选项为工作汇报、主题演讲、方案撰写、课件制作。选项中的场景应选择与课程相关的典型性场景，避免过于个性化。数值型选项："担任培训师的年限？"选项为 1 年以内、1~2 年、2~3 年、3 年以上。需要注意的是，数值类选项在选项与选项之间要闭环，如选择答案为"1 年以内、1~2 年、3~5 年、6 年以上"就是典型的非闭环，2.5 年培训师年限的学员将无法填写。

（3）海报制作

原则上培训入场调查表的标题和内容用深色笔书写。学员填写尽量使用与内容不同色的深色笔，或使用投票点（在班级人数小于 20 的情况下可用）。培训入场调查表的标题字要大，为突出显示可以用亮色笔进行勾画。在课程开始前至少 30 分钟，记得将培训入场调查表张贴到教室墙上。

（4）指导学员填表

在课程正式开始前的 5~10 分钟，或者入场人数达到 10 人左右时，培训师自己或让助教带领大家填写培训入场调查表。培训师要向学员解释应用培训入场调查表的含义和填写规则。在写"正"字时，为了避免"正"字笔画太短，培训师可以做示范，如写出"正"字的第一笔，以避免学员填表不规范造成统计困难。在全员填写完毕后进行计数统计。

（5）结果解读

在课程开场，对现状类问题进行总结，告知自己的教学策略，让每位学员在课堂上感到被重视（MMFI）；针对需求类问题，结合课程内容介绍与学员进行互动，确认学员需求被满足（WIIFM）。在培训过程中，随着课程内容的推进，随时将调查表内容与课程进行关联，把调查表作为互动的抓手。

4. 培训入场调查表的应用注意事项

（1）问题本身不能是敏感话题

由于培训入场调查表填写是课堂开始前公开情形下完成的，所以想要通过该表来了解的信息必须为中性的，而学历状况、职级信息、工作压力大小、与上级的关系、绩效成绩等话题都不适合用培训入场调查表的方式来获取。

（2）方便学员入场即能看见

培训入场调查表尽量张贴在正对门的位置，或者教室入口左右两侧。如果没有合适的张贴位置，可活用大白板，将培训入场调查表固定在白板上，也可张贴在培训教室门上，以便学员入场就能看到。

（3）注意学员人数的限制

培训入场调查表适合 15~40 人的培训课堂，人数太少，样本量的集中度会较差；人数太多（如 50 人以上），数据统计不够直观，但是可以用互联网平台、二维码答题实现更准确和更清晰的呈现。

（4）与培训需求调查表区分开

培训入场调查表和培训需求调查表看似相近，但其实有很大不同。培训入场调查表的对象是学员；而培训需求调查表的对象是学员的上级或培训发起部门领导，他们通常不一定是参加本次培训的学员。培训入场调查表的目的除了解学员对课程主题的认知水平和学习兴趣外，更重要的是，激发学员的学习兴趣，建立学员之间的链接；而培训需求调查表的目的更多在于确定培训的主题与方向。因此切勿将两者混为一谈，否则有可能出现培训需求发散、课程内容不匹配等情况。

4.3.2　视觉探索卡

> 孙老师是培训师培养方面的大咖，其所主讲的"课程精彩呈现和互动教学"一直是热门课程，报名参训的学员络绎不绝。今天又到了开课时间，一进门学员就发现培训教室正前方摆了一堆花花绿绿的卡片，每张卡片上都有不同的图片。这是干什么的呢？学员不禁好奇。"各位同学，大家上午好！"孙老师开始了他的讲述，"在我们的课程开始前，请大家都到前面来，围成一圈。"大家依言而行，围着卡片站成了一圈。"我们都知道，1 000 个读者眼中有 1 000 个哈姆雷特。同样，每个人眼中的内训师都不一样，请各位从卡片中选择你认为最能代表内训师的一张图片。挑选好后，请回组内进行分享，小组内轮流分享，每人一分钟。"学员开始在卡片中挑选，并带着卡片回到组内开始分享。随着讨论，培训现场的氛围逐渐变得热烈，学员的注意力在不知不觉中专注到了培训中，与课程内容的链接逐渐形成……

1. 什么是视觉探索卡

孙老师所使用的开场工具，就是我们将要介绍的主角——视觉探索卡。视觉探索卡由很多不同类型、不同颜色、不同图案的卡片组成（见图 4.2）。从认知学角度来看，视觉上对图片的认知通常是在右脑进行，而理性思考则发生在左脑，左右脑的协同运转更有助于激发学员的思考。在课程开场时运用该卡片并设计一个与课程相关的分享主题，在给学员提供一个安全、简单、平等的对话渠道的同时，能有效引导学员对课程本身进行深入思考和探索，带着听到的多元化观点快速融入课堂中。

图 4.2 视觉探索卡示例

2. 视觉探索卡的作用

（1）促进学员交流

五颜六色的视觉探索卡以特定的图形提前摆放在教室某个区域，当学员走进教室，第一时间就会引起他的注意和好奇；通过使用视觉探索卡来介绍自己，分享经历，表达观点，也会让大家迅速从紧张变得轻松，起到快速暖场的作用，从而调动学员学习的积极性。

（2）激发深层思考

一个简单的问题通过卡片可以快速得到很多全新的答案，这就是视觉探索卡作为载体在帮助学员发散思考，突破之前的认知盲区；当学员选定图片后，视觉探索卡又能让思考更聚焦、更深刻，在过往的观点里进行挖掘和创造，或者以全新的视角看待问题。一个工具能同时起到发散和收敛的作用，这是视觉探索卡的魅力所在。

（3）建立学员链接

视觉探索卡给予了每个学员表达自己想法的机会，让学员能更安全、更公平地表达自身的观点，加强学员与学员之间、小组和小组之间，以及学员和小组之间的链接，同时也体现了对学员的尊重。例如，在"集团客户顾问式销售"课程中希望大家分享主题"你觉得集团客户经理最重要的一个特质是什么"。学员彼此之间围绕该主题进行交流，因为有"人人都要分享""每人分享两分钟""禁止否定和质疑彼此"等规则的存在，每位学员都可以获得均等的分享权限，快速链接彼此。

（4）自然过渡主题

视觉探索卡是载体，真正要交流的是思想，所以交流主题的设计尽量要与课程强相关。例如，"选一张卡片代表你心目中关于 HR 的一个独特观点""你觉得客户经理最重要的一个特质是什么""你近期的工作状态如何""选一张卡片代表你认为的销售管理总监岗的一项典型工作任务"。讨论主题和课程内容相一致，学员在轻松的对话中自然过渡到学习主题，避免了"破冰+课程"的脱节与不自然。

3．视觉探索卡的操作流程

之前孙老师已经做了一个很好的示范，此处再次对视觉探索卡的使用方法和操作步骤进行系统梳理。操作步骤共六步。

① 在学员进场之前，将视觉探索卡放在教室的某个特定区域，也可以摆出特定形状，如单位的标识、课程主题的英文简称，以增强美观性与象征性。

② 培训师邀请学员全体起立，移步到视觉探索卡所在的位置，以视觉探索卡为中心围绕在其周围。

③ 培训师开场后，首先提出需要交流的主题让学员思考，此主题需要和自身的课程主题相关，接着告诉大家请选择一张卡片，来代表你关于这个主题的观点。

④ 培训师倒计时 10 秒，给每位学员充分观察图片的时间，再让学员选择卡片。原则上，一个主题每个人选择一张卡片。

⑤ 培训师邀请所有选择好卡片的学员回到座位上，拿取一张剩余的卡片做分享示范。示范后每个小组指定本轮的组长，培训师介绍规则（包括时间的控制、轮流发言、选择优秀代表），随后学员在小组内依次分享所选的卡片所表达的含义。一般每人 1~2 分钟。

⑥ 各小组推荐一人在全班进行集体分享。培训师进行关键词的提炼，按照分享者的原意记录在白板上。最后由培训师进行归纳总结，引导出今天课程的主题和核心内容。

4. 视觉探索卡的应用注意事项

视觉探索卡在培训应用中的难点是流程的顺序和细节的安排。以下是实际操作中总结的易忽视之处，供培训师参考。

（1）卡片数量

为了开启更大的可能性，也便于学员充分思考，视觉探索卡的数量一般是学员数量的两倍或两倍以上。

（2）卡片内容

卡片图示要丰富多样，主题、内容、风格、颜色等不要有明显的倾向性。假设卡片全部为灰色，有的学员会认为自己很压抑，这有可能是卡片色彩倾向性过强导致的。

（3）摆放位置

摆放时卡片之间不要有遮挡。原则上，卡片周围要预留足够空间让学员围观，确保每个学员都能看到所有完整的卡片，一般摆放在教室正前方的教师活动空间或教室后场的空地上。

（4）组内组织

要快速找到小组内的活动组织者（组长），并在全班层面帮助小组长明确规则，如计时、提问、适时打断等。假如有的学员用了 10 秒就完成了分享，而有的学员 2 分钟还没有分享完，这时就明显违反了"公平"和"充分"的原则。应指导组长向沉默内敛的学员进行提问，促进分享；向滔滔不绝的学员进行总结，避免耽误时间。

（5）全班分享

这个环节很重要，是把组内的良好氛围、卓越观点展现在全班学员面前，将能量升华的一个过程。培训师做好记录、鼓励、提炼和归纳（必要时可及时向分享人确认"我这样记录可以吗"），同时要与课程主题快速衔接，并导入课题。

4.3.3　引导式调研

1. 什么是引导式调研

"请大家回想一下自己以往制作过的 PPT，或者看到的别人的 PPT。"吴老师开始了今天的课程，"可能有些页面或设计让你眼前一亮，而有些内容又让你不知如何呈现……下面我请各位花两分钟时间把你最想在'职场PPT制作技巧'课程中学习的核心内容需求写在便利贴上。"学员开始按要求书写自己的培训需求。两分钟过后，吴老师开始发布下一个指令："请各组长组织小组成员快速交流，并且从这些需求中挑出本组认为最核心的五个需求。"在各组讨论完毕后，吴老师邀请各组代表把所有的便利贴张贴到白板架上画着九宫格的海报上。吴老师一边张贴，一边快速归类。当张贴完毕后，吴老师打开PPT目录这一页，开始陈述这些需求在课程的哪个地方会讲到，而对课程没有涉及的一些需求，有的她进行了快速回复，有的她则将这些便利贴贴到了一张标志为"停车场"的海报上。在学员独立思考需求、学员集体分享需求、吴老师解读需求与课程设计的过程中，团队学习发生了，学员开始对培训内容有了一些更多的认识和期待……

吴老师刚才使用的工具就是引导式调研，该工具可以在全体学员参与的过程中，让每位学员都提出自己的需求和期望，并理解课程内容是如何满足自身需求的。该工具可以让学员感受到自己的需求被重视——"我们想学什么"比"老师想教什么"更重要。同时，自发开启思考、分享和交锋模式。如图4.3所示。

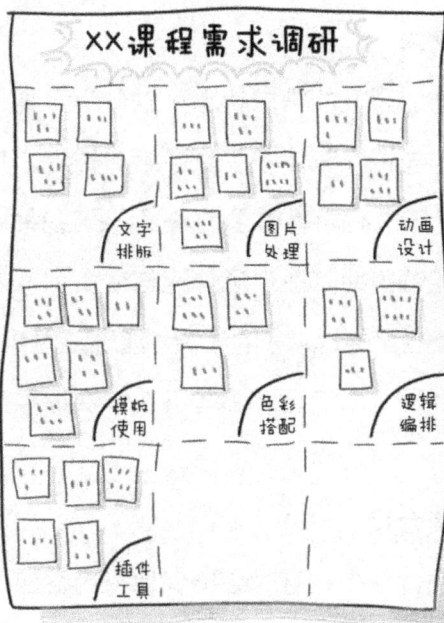

图 4.3　引导式调研工具示例

2．引导式调研的作用

（1）使学员了解需求和课程内容之间的联系

通过引导式调研，培训师能够完整、快速地收集学员的培训需求，再通过系统解读与对比，让学员理解课程内容与培训需求的对应关系，快速与学员的诉求产生关联。这有助于学员纵览课程整体内容，建立对课程的期望，激发学习兴趣。

（2）使学员感到被重视

引导式调研最大的特色就是快速建立"以学员为中心而不是以培训师为中心"的认知，让学员真正感受到自己的意见被重视，自己的需求被尊重，感受到团队学习中的自我价值。MMFI 原则贯穿在操作流程的各个环节，为后续学习的开放性奠定基础。

（3）明确培训需求

在课程开始之前，学员的需求状态可以分为三种：需求不明确、需求可以被满足、需求与课程有偏差。除了第二种外，其他两种状态都可能影响培训效果。对于没有明确需求的学员，通过独立思考、独立书写、小组交流的方式，能够帮助其在现场快速构建培训需求；对于需求与课程有偏差（或太过个性化的诉求）的学员，能够通过现场的沟通和澄清，明确哪些需求本次课程可以满足，哪些不在本次课程范围内，以有效管理培训预期。

（4）提高教学契合度

在引导式调研的过程中，有时会出现课程内容包含（从组织层面或课程设计层面考量）学员未提出的培训需求的情况。这一点培训师在总结时可以着重强调，征询学员的意见后，可以按原计划、减少内容、减少时间或取消该部分等方式来适当处理，做好组织需求和学员需求之间的平衡。

（5）促进学习小组融入

引导式调研的整个过程，需要学员独立思考和小组研讨两种方式的结合。小组内的分享和共识，是促进学员融入组织的重要一步。在此基础上进行全班层面的互动和交流就会更加顺畅，从而促进团队学习氛围的构建。

3．引导式调研的操作流程

（1）提出问题

由培训师根据课程主题提出需要学员思考的问题，问题分为工作中的挑战和期望的学习内容两类。为了统一学员的理解，培训师可以通过举例的方式来说明什么是挑战，什么是期望的学习内容。

（2）明确规则

告知学员本环节的整体规则，学员只需按照培训师的指令执行即可，不清楚的地方随时提出。同时，培训师在每个步骤都要给出清晰的指令，包括时间的具体要求以及每个步骤的规则和标准。

（3）头脑风暴

首先请学员独立思考针对主题的需求（每人至少 3 条），并用马克笔写在事先准备的便利贴上。本环节一般 3~5 分钟，学员不需要在便利贴上进行署名和标号。

（4）小组聚焦

组长带领本小组进行轮流发言，每次每人分享一条需求，将小组内重复的需求剔除掉，并通过小组内投票，集体选择最重要的 3~5 个需求（根据课程时间和需要确定）。

（5）集体呈现

每个小组的代表到前台呈现本组的观点，由培训师引导，将每组的重要需求全部张贴在研讨墙上。在张贴的同时培训师快速进行归类，将学员所提交的便利贴分成若干类，并分别给每类命名，用笔记录在引导式需求调研表的九宫格中。一般情况下，需求分类控制在 9 个以内。如果学员所提需求过于分散，可以尝试引导学员缩减类别数量。

（6）引导总结

分类结束后，首先培训师进行总结陈述。对能够满足的需求，培训师要系统说明课程内容与培训需求的对应关系。如果培训需求和课程无关，则询问学员的处理方法：提出人数众多，可在课程中额外安排时间进行学习（或由培训师给出课后自学渠道等）；过于个性化，可以课下一对一沟通。随后和学员确认调整后的课程安排，如果学员没有异议，则将其作为接下来课程授课的框架和依据。

4. 引导式调研的应用注意事项

引导式调研除了上述操作流程指引外，在使用时还有一些细节要求对工具应用效果有着重要影响，请在使用时注意以下关键点。

（1）场地的准备

培训前对各个小组的研讨墙及整个班级的研讨墙布局进行规划。一般要求每个小组均有一个研讨墙（研讨墙的布置请参见第 3 章）。如果资源有限，也可以每个小组用一个白板架替代。全班研讨时，白板架在位置选择上，一般布置在教室前方空白区域，方便学员聚集和观看。

（2）时间的掌控

在小组独立思考环节，培训师提前强调时间的标准和要求，进行计时和提醒。在全班集体呈现环节，以卡片提出者的思想为主导，其他人仅以"确保理解"为目标，不求观点的绝对共识，确保在集体呈现环节不会太拖沓。一般集体呈现环节时间是 5~8 分钟：时间太短，问题提出者没有分享的机会，全班的交流不够充分；时间太长，容易陷入内容的争议和解读，会影响整个教学计划，甚至对部分学员造成困扰（如果学员对一张卡片争执不下时，请及时介入干预，并将卡片暂时搁置保留）。

（3）说明书写规则

用卡片形式通过九宫格进行快速、显性化的呈现是本工具的关键，所以此环节的陷阱很多，规则说明非常重要。以下几点规则是确保成果符合预期的重要保证。

- 一张便利贴一个观点。学员在书写需求时，应该注意在一张便利贴上只能书写一个观点，目的是便于后期分类；建议学员充分书写，如有多个需求可书写多张，这样后期收集的数据会更加全面。
- 表达清晰明了。要求学员书写内容清晰具体、要点突出。例如，"制作课程 6 件套""处理恶意投诉的案例分析""PPT 动画制作技巧"等。原则上每张便利贴的字数应尽量控制在 11 个字以内。
- 形式统一。统一用黑色的白板笔横向书写。书写时提醒学员注意便利贴的正反面，以方便张贴和成果的统一性。这些细节往往对结果的成本有着极大影响。最简单的处理方式是事先准备两个正确的范例贴在白板上，培训师解读规则时供学员参照。

（4）确认澄清内容

每张便利贴在张贴到研讨墙/白板架的过程中，培训师都应该及时询问其他学员是否有异议。如果有，则请卡片原作者简要解释。该过程一方面是为了确保彼此对培训需求理解无误，另一方面是加强培训师与学员的交流。

（5）有效处理个性化的偏差需求

当有学员提出课程无法解决的个性化需求时，我们该如何处理？请不要忽视，更不要否定学员的需求，否则，不仅没有对学员需求进行管理和引导，反而会使学员的积极性和自尊心受挫。当遇到这种情况时，首先请提出问题的学员澄清其具体需求内容。如果确认本课程并不涉及此内容时，可以在研讨墙一侧设置一块区域（叫作"停车场"），将不涉及的内容或无法解决的内容贴在此区域，然后在课间休息期间与学员进行一对一讨论。

（6）阶段性回顾调查结果

完成上述步骤后，培训师需要把通过引导式调研达成的共识成果张贴到教室的墙上。在培训进展中，当培训师讲授某一单元时，要随时将学员提出的关于该单元的需求与课程内容进行连接，并在单元（或某个模块）结束和课程结束后与学员确认当初提出的挑战和期望解决得如何，还有什么需要补充的。这样的引导式调查只有贯穿于整个培训中，才能充分发挥其价值。

4.3.4　翻转测试

1. 什么是翻转测试

> 姜老师的新课"微课设计和开发"就要开讲了，参训的学员发现这门课和以前不一样了：培训前一周，学员都加入了"微课设计和开发研修班"微信群。姜老师在群中发送了与课程相关的微课链接，每个微课都不长，一般都是5分钟以内，每课还有配套的测试题；在周三和周五的晚上，班主任老师还组织姜老师和全体学员进行线上解读和答疑，针对学员提出的问题，姜老师在群里也进行了详细解答。不知不觉，大家发现自己对课程的概念有了很深的理解。
>
> 一周后，面授课程正式开始。姜老师并没有直接开始讲解

内容，而是让学员拿出手机扫描屏幕上的二维码。学员扫描后进入一个测试界面，看到了 8 道测试题。3 分钟的线上测试后，姜老师开始打开测试结果的页面，和大家快速来解读测试结果。针对一些测试中产生的疑惑，学员开始期待在课堂中得到解决……

相信大家都发现了，姜老师的操作步骤与传统教学流程是不同的，这就是接下来要和大家介绍的翻转测试。翻转测试工具的原理，来源于翻转课堂，但操作层面又很"轻"，便于培训师掌握和使用。

所谓的翻转课堂教学模式，是指学员通过互联网在线完成知识的学习，而课堂变成了老师与学生之间、学生与学生之间互动与体验的场所，包括反思研讨、辅导答疑、知识的练习、技能的情景训练等，从而达到知识理解、技能习得、态度转变、综合解决业务问题能力提升等深层学习效果。该模式最早诞生于中小学教育领域，已逐步走向企业培训领域，其核心是先学后教，让学生从被动学习到主动学习，独立思考探究，增加培训师与学员之间的深层交流与互动，针对不同学员特点和学习程度进行辅导，从而提升学员的学习效果。该方式十分适宜产品知识、规章制度、操作指南等有大量知识点的课程讲授。

翻转测试是翻转课堂理念在引导式培训场景中的实际应用，一般用在课堂开场或课程的某个知识模块前。对学员来说，翻转测试可以快速引起思考，使其注意力集中到课程内容；对培训师来说，翻转测试可以体现学员的平均知识水平，培训师可根据结果微调内容规划，有的放矢。下面具体介绍翻转测试与引导技术是如何融合的。

2. 翻转测试的作用

（1）带着问题进入课程，提高思考质量

翻转测试可以使学员在课程开始前就提升对课程的关注度。为课程进行预热、提升学习兴趣的同时，可以让学员带着问题参加课程，促进学习。

（2）检测前期学习效果，避免眼高手低

成人学员的一个重要特质是理解能力强，所以容易导致眼高手低。翻转测试会让学员在思考、测试中看到自身的不足，同时通过测试可以让培训师提前了解学员对课程知识点的掌握程度，从而更有针对性地进行知识输入。这是培训师直接"告知答案"这种模式所不具备的。

（3）人人参与，安全且可视化地呈现

翻转测试体现了引导的几个核心原则。例如，人人公平参与，每个人都有机会表达自己的观点；安全的氛围，翻转测试不是考试，目的不是知道谁好谁坏，不需要一一对号，只需呈现学员的不同观点；隐性的激励与认可，对回答正确的学员也是一种潜在认可，后续学员会更投入。

（4）简单易行，全方位互动

翻转测试一般通过手机二维码的方式（常见的平台有 UMU、问卷星等），操作简单、易行。在这个过程中，学员完成了动手操作、动脑思考、动嘴分享、提问和反馈、动眼观察、动心感受等全方位互动的过程……在提问、倾听、分享、思考、反馈中身心合一，融入课堂。

3. 翻转测试的操作流程

翻转测试是创新型的教学设计，在操作时应遵循以下流程。

（1）基于课程内容设计训前材料

此处的训前材料是指训前微课及微课对应的测试问题。将课程中的概念、原理、流程等"干货类"知识做成微课，能够帮助学员提前学习课程中 WHAT 和 WHY 部分，将宝贵的课堂时间用在如何应用这些知识上，从而将知识传授课程变成知识应用课程。微课的时长一般不超过 5 分钟，尽可能用通俗的语言讲解并适当匹配案例，以便学员理解。在设计测试问题时，要与课程及训前微课内容相关联，问题的设计要与教学目标相匹配。设计完成之后培训师需要将问题提前录入测试平台，并进行自测，确认题目与选项的匹配以及平台的稳定性。

（2）建立交流平台推送内容

在课程开始一周前建立交流平台（如微信群），并依次向学员推送微课。准时推送、定时跟进和及时反馈答疑在此阶段非常有必要。在适当情况下，培训管理人员对完成微课学习任务的学员进行鼓励和肯定，可以通过随时公布学习进度的数据、即时奖励课程积分等方式鼓励学员积极投入、踊跃参与。

（3）组织测试

课程开场后组织现场测试。在测试前说明以下四点：一是说明测试的目的；二是明确测试的规则，如不记名、时间控制、多选与单选等；三是强调真实比对错更重要，现阶段答案的对错并不重要，重要的是真实的反馈，所以请学员按照自身理解来填写；四是保持安静，让学员完成测试，并且通过巡场进行观察，给予技术支持和答疑。

（4）讲解测试题

测试完成后，培训师需要讲解测试题，帮助学员掌握。因此，课堂便由以前的单向讲授变成了现场答疑与讨论。培训师的角色由原来的内容呈现者变为学习的教练：与学员交流，回答学员问题，参与学习小组，对学员进行针对性的指导。

4. 翻转测试的应用注意事项

翻转测试的难点是线上和线下的配合，课前和课中的无缝衔接。在操作时请注意以下几点。

（1）微课设计的原则

一是微课主题应尽量优先选择应知部分，而非应会部分的内容（应会部分通常伴随练习及演练，在线上微课中不易操作）；二是选题尽量呈现单知识点或单问题点，切莫急于让学员"一口吃个胖子"；三是配合测试内容，在面授课程的环节安排相应的闭环答疑活动（如提问、回顾）。

（2）测试题的选择

在出题时要把握尺度，既不要让学员轻易答出，也不要出"偏、难、怪"的题目，每道题目都应加入干扰项。一般来说，多选题会比单选题更有挑战性。从测试结果来看，答案的正确率平均保持在 70% 左右是恰当的。如果正确率达到 90%，说明题目过于简单，兴趣激发的刺激度不够，违背了 WIIFM 原则；如果正确率低于 60%，学员会出现畏难情绪，违背 ICDI 原则。

（3）体系化开展课前学习

培训师需要在课程起始日前 5~7 个工作日，在学习社群中发送训前微课，并在这一周中督促学员提前学习。同时记得关照那些后入群的学员，及时向他们告知学习进度，避免"脱队"现象的发生（可循环发送已推微课）。

除了定时推送外，可以基于微课的主体内容，综合考虑微课学习进度、课后作业完成情况、课前测试成绩等因素，建立通报制度。该制度一方面加强了学员对课前微课学习的重视程度，另一方面提升了学员对面授学习的期待。但这个规则的提出与执行应尽可能由培训管理者来实现，培训师应配合培训管理者承担提供数据、线上答疑等任务。

4.4 激发学习兴趣的原则、任务、工具之间的内在关联

四个激发学习兴趣的引导式培训工具与激发学习兴趣的三大任务之间存在怎样的关联，又如何体现激发学习兴趣的三原则？读者可以尝试将图 4.4 中的元素连起来。

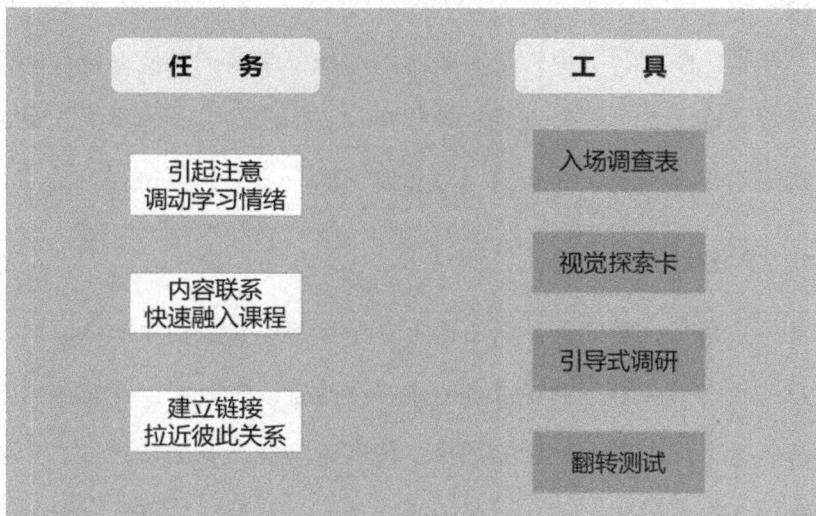

图 4.4　激发学习兴趣的任务和工具的对应图

4.4.1 工具与任务、原则的关系

通过对四个工具操作步骤和效果的分析，你会发现，这四个工具的应用场景和价值独特性有一定的差异，但每个工具都同时具备了引起注意、呈现价值、建立链接的作用，且每个工具均符合 WIIFM、ICDI、MMFI 这三大原则。这是"名字帐篷""BINGO 游戏"等"纯破冰"游戏所不具备的功能。正因为如此，这些工具让学员学习兴趣的激发变成了现实。

4.4.2 四个工具之间的关系

这四个工具本身构成了引导式开场的基本步骤，即课前学习微课，培训开始前先填写培训入场调查表，开场后视觉探索卡快速建立链接，接着引导式调研管理需求，最后翻转测试开启具体培训内容。但在实际操作中，我们不需要在同一门课程中同时应用多种方式来激发学员兴趣，而在绝大多数情况下，是需要培训师根据学员的性质、课程的内容与特点等选择 1~2 项搭配使用，效果更佳。因此，在了解不同工具特性和功能的基础上，建议大家综合考量以下四个方面，再选择合适工具。

1. 学员状况

首先是学员人数问题。例如，60 人的大场培训，很显然让学员聚集在一起选择卡片或相互讨论课程需求是很难实现的，所以翻转测试是精度、覆盖等各方面都很不错的选择。其次是学员之间的熟识度。如果学员之间彼此比较陌生，并且课程中有大量研讨环节，就需要大家快速认识、打破拘谨，在激发兴趣环节就可使用视觉探索卡。

2．课程内容特点

如果课程在开篇涉及了大量概念、原理等知识（如很多技术类课程），就可以尝试利用翻转测试，将这些"干货"前置学习。而在课程开篇就可以通过翻转测试方式及时与学员产生互动，避免学员在开场因为内容枯燥而失去学习兴趣。

3．培训场地大小

教室的大小一直是教学活动设计时需要考虑的因素之一。在上述提到的几种工具中，视觉探索卡需要教室中有一定的空场——如果你的教室太小，请一定慎用此工具，绝对不要将卡片摆放在桌椅旁边的地板上或地上的电线、数据线附近，否则在学员拿取的过程中容易发生混乱或安全问题。

4．时间把控

通常情况下，激发兴趣的环节一般占总体时长的 5%~10%。按照这个比例计算，半天（3 小时）的课程，20 分钟的课程导入会比较合适，而两天（12 小时）的课程需要的导入时间则会更多一些。在几种工具中，引导式调研由于涉及了研讨、澄清、分类、总结等多个环节，实施时间可能相对较长。因此虽然它对于把控学员需求和期望的效果很好，但在半天的课程中不推荐大家使用。

工具为课程目的服务。培训师只要时刻紧抓主目标，围绕学员体验做文章，让学员成为课堂的主角，激发学习兴趣将非常容易。

第 5 章

构建培训场域

5.1 | 什么是培训场域

场域（Field）是指有边界的空间，其内涵是通过精心构建，对处于场域中的人的行为产生影响。例如，在现场听演唱会会跟着音乐呐喊、哼唱，但在家里看演唱会视频则只会静静地欣赏，那是因为场域发生了变化。培训场域是指为了让学员理解、认同、记忆、应用所学的知识而精心设计的独特培训空间。通过构建培训场域，不仅可以提高学员的学习动力，还可以增强学员与学员之间、学员与培训师之间的链接，从而抓住学员的注意力，鼓舞学员参与其中，实现沉浸式学习。

当走进公司两个不同部门的办公室时，也许你会发现这两个部门的管理文化、团队氛围是不尽相同的。其判断依据或许是办公室的布局，或许是办公桌面的物品摆放，或许是员工之间说话的声音，或许是管理者和员工的对话模式，或许是他们之间打招呼的方式——其实，这些都是场域的构成要素。在培训场景中也是一样，笔者曾在中国移动广东公司的培训学院做了近十年的培训管理工作，基本每个工作日都有多个培训班次在同时开展，因为听了太多风格的课程，所以培养了自己的一种能力，即走进培训教室后，仅在教室后排默默地感受 3~5 分钟，就能通过不同培训班的差异快速判断培训是否能达到预期效果。这样的判断绝大多数情况下和培训的评估数据、报告是有较高相关的。现在总结起来，当时感受的因素通常也就是本章所说的培训场域，如教室环境、座位摆放方式、培训师的能量、学员的专注度、小组学员之间的交流模式、师生之间的互动问答、整体氛围与状态等。结合笔者对培训场域要素的分析和实践检验，一般将培训场域包含的内容总结为环境是否适当、人与人的链接是否顺畅、能量能否自然流淌三大要素，简称环境、链接、能量三要素（Surroundings，Link，Energy，SLE）。

5.2 | 利用培训海报搭建培训环境

想象一下，当步入一个教堂时，人们会感受到庄严圣洁；当望向清澈夜空时，人们会感受到安静平和。这都是环境的力量，它会在一定程度上影响人们的感受和思维。

同理，提到培训环境，一般会想到场地大小、地面材质、温度高低、通风情况、采光情况、电子设备的品质、桌椅的舒适度、桌椅布局的设计、培训海报的应用等。在培训准备部分已经详细介绍了场地布局规划、五种桌椅布局设计及四类物料的准备。这些准备都是在为环境搭建服务，因为培训场域需要的环境要求与餐厅、影院、办公室等对环境的要求不尽相同，除了舒适度以外，更加关注便捷性、链接性、刺激性等因素。

在实际培训中，尤其是企业内训中，场地形状、场地大小、设备质量等都难以按照理想的标准来要求。所以本节重点介绍一项培训师可掌控的技能，用来补充硬件条件的不足，即利用培训海报的方式来搭建引导式培训的环境。除了"便于掌握"这一优势外，培训海报的应用在本质上完全符合引起注意、调动情绪、激发兴趣、持续刺激、群体参与、关联启发、自主发现、主动思考等一系列引导式培训的内在要求，这也正是本书强烈推荐通过培训海报来搭建培训环境的原因。

5.2.1　培训海报的独特价值

顾名思义，培训海报是在培训过程中使用的各类海报的统称，如培训日程表、课程框架图、课程宣传海报、核心知识点海报等。它可结合课程中的教学设计，通过图文结合的方式呈现关键环节及核心知识点。那么，在引导式培训中培训海报是如何产生价值的？

1．激发好奇心，塑造学习氛围

培训海报能够让学员在走进教室的第一时间就产生与课程内容的链接，激发起好奇心和求知欲。而好奇心和求知欲能极大地激发学习兴趣，加上培训海报展示的课程相关内容，对学习氛围的塑造有很大推动作用。

2．美观生动，视觉化呈现

一套好的培训海报，除了能够利用文字呈现课程内容的"干货"外，还能利用线条、图形、图画及色彩，清晰生动地呈现培训内容及逻辑，这种视觉引导、潜移默化的做法与引导式培训的原理完全匹配。

3．随时回顾，便于复盘

原则上，对于已经讲授过的核心内容海报要按照培训的顺序张贴在教室墙上，培训过程中随时对内容进行关联。在单元结束、课程结束时，培训师均可以通过"走墙"的方式对已讲授的内容进行复盘总结，简洁、高效、易操作且互动质量高。

4．重视学员贡献，持续投入

部分海报是在培训中培训师与学员共创的成果，如"入场调查表""引导式调研表""ORID 学习收获反思栏""停车场"等。还有一些培训海报属于学员自己练习的成果展示，制作和张贴此类海报会让学员感受到被重视，因为这是学员思考、行动成果的体现，同时，也会无形中督促学员，让他们在培训中的每次参与都更积极、更投入。

5.2.2　培训海报的常见类型

在此着重介绍引导式培训师在授课过程中常用的五种海报，按照使用的先后顺序分别为课程宣传海报、学员入场调查表、课堂规则海报、培训日程海报和重要知识点海报，如表 5.1 所示。

5.2.3　培训海报的绘制流程

当拿到一张空白海报纸，想呈现已有内容时，大家通常第一步会做什么？相信大多数培训师可能拿起铅笔或举起一只手，尝试丈量如何规划这张海报的格局——标题放在哪里，是正中间，还是最顶端？当有四个模块的内容要展示时，如何安排内容在海报上的位置？接下来可能还会思考什么样的标题更具震撼效果，使用哪些图形更具代表性，搭配哪些颜色更协调等。总的来说，绘制一张培训海报基本有以下几个步骤。

表 5.1　培训海报的常见类型

名　称	图　　片	作　　用	注意事项
课程宣传海报		向学员宣传课程主题、学习收益、大咖培训师等课程亮点，吸引学员对课程的关注，打造课程门面	① 宣传类的海报尽量以图像呈现为主，文字为辅 ② 图像突出画面的焦点（如具有隐喻色彩的图形表示、颜色对比强烈的大字标题等），起到抓住学员眼球的目的
学员入场调查表		培训师提出现状调查类的问题（如培训背景询问、学习兴趣点调查），并设计问题答案的不同维度让学员选择填写，通过学员的回答可以把握学员整体体现课程状，必要时及时调整课程内容	① 入场调查表的调查内容要与培训主题相关，避免如"你早饭吃了几分饱"等可能和培训内容无关的无效问题出现 ② 设计总过于复杂，原则上入场调查表中的问题不应大于四个，若问题数量过多、容易使学员读题思考、填写时间过长，导致课程体验不佳 ③ 张贴的位置尽量位于学员进入教室后第一眼容易看到的位置（如教室门口），方便学员填写，但注意不要张贴在门外 ④ 培训师应在学员填写时及时向学员讲解答题标准，可以自己先示范填写

续表

名 称	图 片	作 用	注意事项
课堂规则海报		使用新颖、生动、有趣的表达方式向学员呈现课堂规则，改善其对规则的死板认知，提高接受度，同时有效提升培训师的亲和力，拉近师生关系	① 从课堂规则的表达层面，可以使用热点风格、幽默风格等多种方式改写课堂规则的表述。此外，在引导式培训中，推荐培训师应当组织学员共创本课堂的规则，学员的集体共识与认同会比一个有趣的呈现更重要 ② 在张贴时需要注意，课堂规则海报应当张贴在整场培训学员都能关注到的范围（如投影两侧、门内两侧），以起到时刻提醒的作用
培训日程海报		明确培训的内容与时间节点分布，帮助学员时刻掌握课程进度，增加学员对课程的安全感	① 在培训日程海报中，要对具体时间分布及培训模块做总体呈现 ② 可酌情考虑增加每个模块中的重点知识点概览（类似于将日程表细化到二级目录），使学员更有效地抓住内容重点，也可以让一些只对课程部分有兴趣的学员知道"什么时候该竖起耳朵"

续表

名　称	图　片	作　用	注意事项
重要知识点海报		利用图文的逻辑化呈现，将培训课程中的重点理论、模型、工具及方法进行有效呈现，帮助学员理解和记忆课程内容	① 重要知识点海报需要覆盖所有重要课程内容，通常数量较多。因此在布局时一定要注意张贴顺序和课程讲授顺序的一致性，避免出现知识点的先后错乱，这样可能会妨碍学员对整体课程逻辑框架的认知　② 如果有部分海报是需要培训师在台上先讲解再张贴的，请在墙壁上提前预留本张海报的空位，并在讲解后及时补充张贴　③ 某些知识点的教学有时效性要求，在讲授之前需要用白纸遮挡，避免事前让学员看到　④ 重要知识点海报的色彩及风格呈现一致性还是多样性，需课前结合课程性质、企业风格及学员喜好进行选择并实施　⑤ 经常反复使用的海报可使用无纺布材质喷绘制作

1. 规划布局

回想曾经见过的电影海报、路边的广告牌、店铺前的易拉宝等，不难发现，海报在工作和生活中无处不在。那么，作为一套课程的培训海报，是否和上述海报的布局、呈现方式相同呢？

- 风格选择。培训海报的宗旨是为教学服务，而教学的主体是培训师与学员，因此培训师可以适当丰富培训海报的风格。例如，横竖等分、田字形、标题置顶、标题居中等比较"中规中矩"的布局是大家可以放心使用的，如图 5.1 所示。

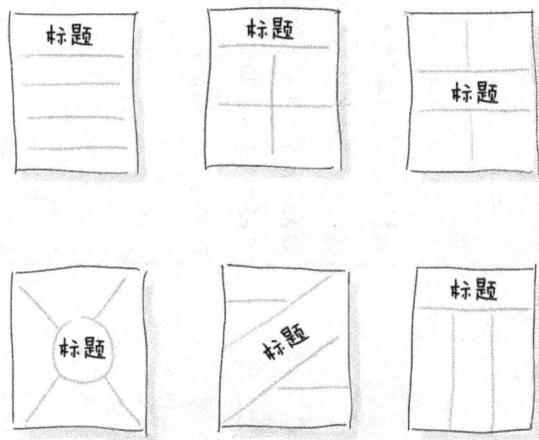

图 5.1　课程海报布局示例

- 布局技巧。在进行布局规划的过程中，有的培训师会使用铅笔打稿，有的会将纸张折叠成几等分，用折痕当作分隔线……布局方法有很多，在此给大家提供一种简易的"不规则布局"的规划方式——美纹纸布局。将美纹纸反向折叠成圈后，张贴在规划的范围中心，并反复调整至最佳位置，如图 5.2 所示。

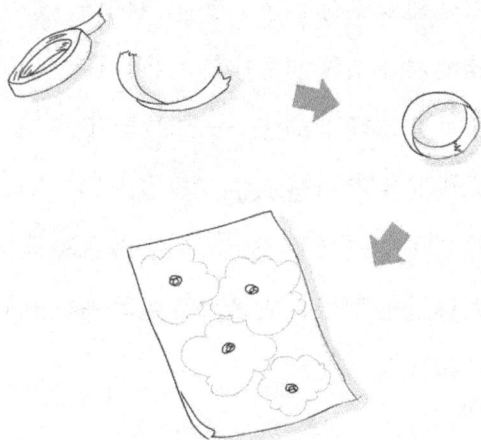

图 5.2　美纹纸布局示例

- 留白原则。在布局过程中还需注意的一点是留白原则，其中包括内容与边框、标题与模块、模块间的所有留白预估。建议内容与海报纸边框间留白 3~5cm，其他海报内模块间的留白尽量不小于 2cm。尤其当海报中信息量较多时，留白可以更好地帮助学员缓冲对信息的接受，看清并梳理其中的逻辑结构。

2．标题拟定

整体海报的布局规划完毕后，就进入了正式的绘制环节。那么，作为一张海报的门面——通常也是大家最先着手绘制的海报标题，应当注意什么呢？

首先，标题要求字面表达清晰、准确、简洁，总长度以 3 秒内可阅读完毕为准（如"陌拜五步法"相较于"×××银行新任客户经理陌生客户拜访的五个步骤"，显然前者更加直观，阅读更加便利）。如果标题区分了主副标题，那么建议主标题设计要相对活泼、抓人眼球、引发兴趣，而副标题要精准地表述出整张海报的内容，避免学员对知识点理解偏差的可能性（如"从此望而不却步——陌拜五步法"）。

其次，在书写标题时要求书写工整。海报内的一切文字尽量不要使用连笔字。并且标题与正文的文字大小、文字颜色或装饰要有所区别。最简单的做法是调大标题的字号，或者用红色笔将标题框出，作为重点呈现内容，如图 5.3 所示。

图 5.3　课程海报的标题示例

3. 图文表达

在这一步中包含三个主要动作，一是文字的转化，二是图像的转化，三是逻辑的转化。

- 文字的转化。在海报正文的文字转化中，需要培训师斟酌的问题是文字类信息要细化到几级。用一个描写步骤的重要知识点海报举例。假设步骤 1、步骤 2、步骤 3、步骤 4 为本张海报的一级目录，其中，每个步骤还可能出现子步骤 1.1、子步骤 1.2、子步骤 1.3，此时子步骤就为本课程海报的二级目录，而有些子步骤还存在一些必须告知学员的注意事项，那么注意点 1.2.1、注意点 1.2.2

就成为本课程海报的三级目录……注意，一张标准课程海报不应当出现超过三级目录的内容。如果有，请尝试将整体知识点进行拆分，将每个一级目录单独绘制成一张海报，而不要一次性在一张海报上呈现"总分分……"的信息，这样会增加学员的理解难度。

- 图像的转化。在图像表达时，要遵守两个原则——普遍性与直观性。第一个原则是普遍性。它是指"在同一文化下，大家对图文的诠释基本相同"。例如，"视觉"对应的图像大多数人会想到"眼睛"；"保护"对应的图像可能是"盾牌"，等等。第二个原则是直观性。当一个拿着小棍戴着眼镜的小人站在一个板子旁边，与一个头戴草帽努力浇花的园丁同时出现在眼前时，请问：哪个更容易让人联想到"老师"？相信大多数人会选择前者。在培训海报中也是同理，请培训师尽量选择能够被快速认知的图形，因为它能准确高效地把信息传递给学员。

- 逻辑的转化。在逻辑表达方面，如果要向学员指明所需关注的内容，最好的方法是利用线、箭头等元素的指向，对学员的视线路径进行方向上的引导。特别是，如果在海报上绘制流程类、步骤类、总分类、并列类等逻辑性较强的内容时，建议善用指引箭头和引导线条，因为学员永远倾向于只看一下就看得懂的东西，如图 5.4 所示。

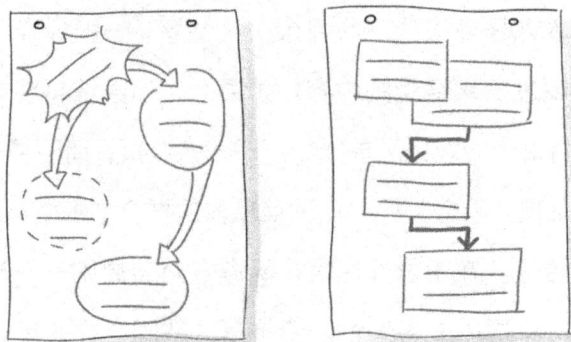

图 5.4　课程海报的逻辑示例

5.2.4　培训海报的应用注意事项

在海报张贴之前，还有许多需要培训师提前思考的问题。例如，要对培训场地的墙壁、海报的呈现方式进行合理规划，预估墙壁面积是否足够。如果墙面不够大，可以尝试放下窗帘，将海报贴在窗帘上，或者将海报贴成上下两行。在利用培训海报塑造场域的过程中，结合各种不同环境布局，请注意以下四点。

1.　张贴时机

例如，课堂规则海报、课程框架图及部分核心内容海报可以在课前张贴在教室里，并且在培训中是全程张贴，以起到引起注意、激发兴趣、强化认知的作用。辅助讲解的海报可以随着课程内容的进行依次张贴。培训师可将海报夹在白板架上，代替 PPT 进行核心内容呈现。在学习完成后张贴起来，发挥强化学员理解的作用。总之，张贴时机的选择要根据每张海报的作用而定。

2. 张贴位置

课程目标、课堂纪律、培训日程等规则、流程类海报应张贴于教室前方明显位置；其余课程内容相关海报可围绕教室墙壁张贴，建议张贴时海报中心高于视线水平 5~30cm。

3. 张贴顺序

海报呈现的内容需同课程内容顺序一致。当培训师要使用海报进行课程讲解或小结回顾时，要遵循"视觉方向单一性"的原则。另外，在规划布局的时候，要事先预留出夹在白板架上用于讲解的海报的空位。教室中海报的常用张贴顺序可参考图 5.5。

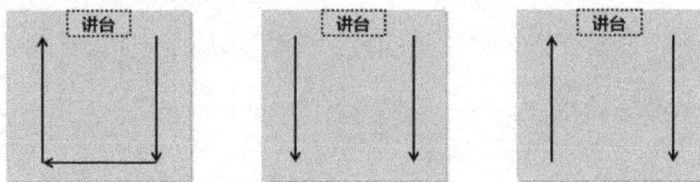

图 5.5　海报的张贴顺序

4. 张贴方式

在张贴海报时，建议用美纹纸竖向张贴，以防止摘取过程中出现海报损毁的情况。斜行的张贴方式虽然会相对牢固，但在取下时容易撕裂海报边角，如图 5.6 所示。

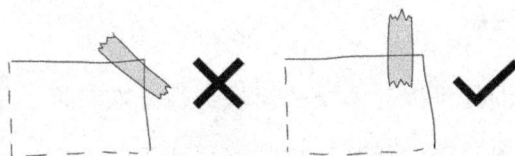

图 5.6　海报的张贴方式

5.3 | 构建成员间网状链接

在以内容为中心的灌输式培训时代，链接更多的是通过培训内容来实现，老师通过对内容的解读、答疑和提问进行单向互动，线性链接初显雏形；在以培训师为中心的互动式培训时代，链接更多的是通过培训师发起，培训师通过提问、答疑和讨论等进行线性链接，网状链接初显雏形；在以学员为中心的引导式培训时代，学员要成为课堂的主角，学员之间的链接、小组与小组之间的链接和启发更加重要，教学相长成为每个人的所求。这样的网状链接效果是众多综合因素的结果。从培训师的角色出发，下面介绍几种常见的方法来帮助培训师在培训中构建网状链接，塑造培训场域。

5.3.1 座位布局

无论座位是鱼骨形、圆桌形、操作台形、U 形，还是 O 形等摆放，每种布局方式均有其特点和适用性，培训中的学员数量、学习特点、场地大小、课程主题、培训方式等都是设计布局的依据，目的都是为让学员之间更好地链接，达成相应的教学目标。

5.3.2 组次轮换

每半天，培训师可以让学员的座次进行一次轮换。例如培训中，学员分成了六个小组，形成两列三排的格局，可以请离培训师最远的两个小组坐到第一排，前两排的小组依次后撤一排。这种不断变化学员座次的方法可以在确保全员平等排座的情况下，保证学员的新鲜感，而这个过程又可以让学员动起来，从而实现充能。

5.3.3　组长轮值

引导式培训强调参与的公平性和广泛性。在课堂中，每个重点环节都会进行一次组长轮换，由新组长在本轮次带领小组成员完成本阶段的学习任务。轮流当值会让更多学员有深度参与演练的机会，并让每个小组在不同阶段有不同的感受。在担任组员和组长的过程中观察和比较他人的组织方式、引导方式和沟通方式，这本身也是一种学习。在培训中还可以采取小组集体投票、上一任组长指派的方式，或有培训师在每轮明确组长人选的规则，如"头发最短的做本轮组长""年龄最小的做本轮组长""距离老师最近的做本轮组长"。

5.3.4　重新分组

培训师还可以把学员的分组打乱，假设培训现场分成了四个小组，可以让学员按照 1、2、3、4 的顺序循环接龙报数，然后报 1 的学员坐到第一组，其他组依次类推。这种方法能够让学员接触到平时相对陌生的人，重新组合，从而获得新鲜感。这个过程培训师需要和培训主办方交流，如果培训需要固定分组，请不要使用这个方法。

5.3.5　学习伙伴

在课程开始时就安排所有的学员找到一位跨组的学员作为自己的

学习伙伴也是一个塑造安全场域、建立有效链接的做法。每一对学习伙伴在整个培训周期里一起完成回顾学习要点、提问测试、互相答疑等学习任务。在周期超过两天的培训项目里，还可以通过安排"神秘伙伴"的方式，由神秘伙伴默默地通过各种方式给予对方关注、鼓励和支持，让学员在安全的同时感受到温暖和愉悦。

5.3.6　小组竞赛

培训师还可以通过使用"压迫式提问""接龙式总结"（具体操作详见本书第 9 章）等方式通过小组之间的竞赛，增强小组内的凝聚力，让学员感知愉悦和兴奋，同时通过跨组竞赛，加强与其他组的链接，形成良性竞争与学习的场域。

5.4　提高整体课堂能量

季老师的课被安排在 14:00—17:00，这是一堂临时增加的课。近期公司对某产品的服务政策进行了调整，尽管已经公示，但客户疑问甚多，咨询新政策的电话爆棚。由于推出时间太短，一线客服对政策内容并不熟悉，如果不能准确地向客户解释政策，就会给公司形象造成负面影响。因此，这堂"临课"十分重要。季老师知道，最近客服人员都在超负荷运转，中午都没有固定时间休息，在这个时候安排培训，想一想心里就犯怵。

正式上课前，他环顾四周发现学员的状态的确不太好：有人哈欠连天，疲惫不堪；有人抱着电脑，还在处理公事；有人在吐槽，中午遇到的奇葩客户；还有人在聊天放松，注意力根本不在课堂上……在这样的状态下，他硬着头皮开始了培训。尽管内容贴合实际需要，授课方法也很多样，但学员状态依旧低迷，感觉提不起劲儿……

季老师的遭遇恐怕不是个案，即使课程内容贴合实际需要，教学手段丰富多样，不难发现培训中依旧有些时段学员状态低迷，如临近中午、下午开始以及下午下班前等几个典型时间段。这个时候有些学员会表现出一些异常行为，如抬头看表、刷手机、打瞌睡、频繁变化坐姿、晃动头部、抖腿乃至"组内开小会"等。上述这些学员状态低迷的时刻，可以认为是客观原因造成的：临近中午，注意力集中在吃饭；下午开场，犯困精力不集中；下午临下课，注意力在下班，怕堵车……可是除此以外，其他时间段学员也可能出现行为上的异常。

在过去几年的培训课堂中，笔者与众多学员就这个话题进行了沟通。通过调查，学员普遍认为造成状态低迷主要有以下几个常见原因：课程内容和我无关；培训师光讲，授课枯燥；课堂环境嘈杂，容易分心；彼此不熟悉，不想交流。笔者继续追问，如果这些问题都能有效解决，你是否就能保持专注？学员的回答是："如果太累了，我还是会走神。"这个回答既意外又在情理之中，毕竟大家在学习的时候也有类似的体会。这就涉及在教学设计中有一个容易被忽略的因素，即课堂能量的重要性。

5.4.1　什么是课堂能量

"能量"是物理名词，它是物质运动转换的量度。在培训中引用"能量"的概念，是用来衡量培训课堂状态的好坏。当培训课堂状态好的时候，学员会表现出注意力集中、学习兴趣浓厚、愿意主动思考、容易激发互动、课堂气氛活跃，这种情况被称为高能量状态；而当学员状态低迷时，如哈欠连天、交头接耳、看时间等，被称为低能量状态。

从图 5.7 可以看出，能量的高低由培训师和学员共同创造，从培训师的角度来看，培训师的口头语言表达和肢体语言表达反映了培训师的能量水平；从学员的角度来看，当前的生理状态和对所讲内容的学习兴趣影响了学员的能量水平。

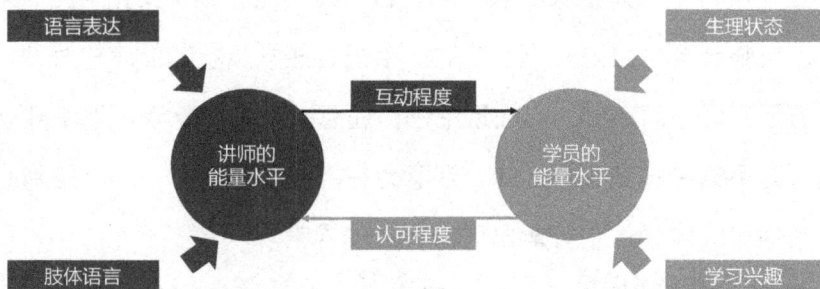

图 5.7　课堂能量的构成

5.4.2　高能量状态的益处

高能量状态具体表现在以下三个方面。

1. 注意力更集中

在高能量状态下，学员普遍表现出注意力高度集中：无意识的小动作减少，眼神与培训师有明显的交流，并能感知其对课程内容的吸收。这种高度集中的状态有利于培训师的控场，也有利于学习效果的提升。

2．思考更主动

学员在该状态下，愿意按照培训师的引导去思考问题，从中总结答案，将新知与旧知相结合。此外，在活动中参与性更强，种种思考让学员对课程知识点的记忆更深，应用于实际工作也更容易。

3．氛围更活跃

高能量状态最典型的表现是学员与培训师之间的频繁互动，学员会放下防御心理，全身心地参与到课程中；培训师也会因学员的表现，相应提升自身的状态，这对课程产生了极大的推动作用。

5.4.3　提高培训师能量水平

培训师的能量水平影响到学员的状态、倾听的质量、关注的焦点。当用高能量表达时，表明培训师所表达的观点很重要，且对内容充满信心，学员的注意力也会被吸引过来。如果能量过低，学员的状态也会随着降低，很容易从清醒滑落到困倦，因为低能量意味着这个部分的内容并不重要，培训师也没有激情、兴趣或信心。

1．认识三级能量

在说明如何实现三级能量之前，先通过下面一个体验来说明三级能量是什么。

现在，请用三种不同的音调朗读下面的开场白：

> "大家早上好，非常高兴能够在这里和各位进行分享。我是今天的主讲老师，今天分享的主题是'信息化产品大客户销售技法'。"

第一种音调，请用平常的声音朗读，就好像与对面的朋友交流一样。

第二种音调，请用稍微高一点的声音朗读，就好像在会议室面对四五个人进行近距离分享，希望他们都能听得到一样。

第三种音调，请火力全开，就好像不用麦克风，但又要让一个 100 平方米的课室里，几十名学员都听清一样。

反思一下刚才的三种音调，哪种音调显得更有能量。试想，如果在课堂，又是哪种音调更能吸引学员的注意力。答案自然不言而喻，第三种音调能量最高。通常也通过上述三个级别的能量划分来定义所谓培训的"三级能量"。

或许，有的读者有疑惑：在课堂上使用麦克风是不是就解决这个问题了？有了麦克风为何还要大声说话呢？

存在以上疑问的培训师可以手持麦克风重复上述实验，并用录音笔将三种音调录下来。现在作为旁观者请再次分析一下，能否听得出来三种音调的不同，哪种音调能量最高。通过麦克风，不管是否提高音调，学员都能听清培训师的声音，但普通说话和使用三级能量的差别非常大，学员可从声音中听出培训师的状态，并以此决定是否将注意力放在课堂上。

刚才提到三级能量并不专指声音的大小。那么，它具体都包括什么呢？

2. 三级能量的七要素及练习方法

三级能量总共包含七个要素，如图 5.8 所示。下面说明七要素和练习方法。

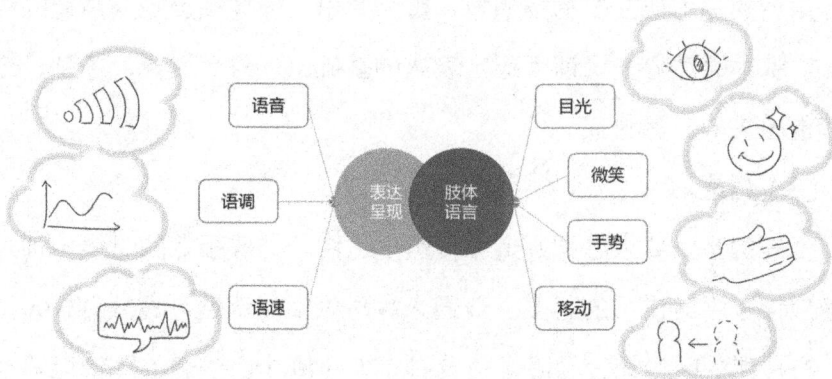

图 5.8　三级能量的七个要素

（1）语音

语音的基本要求是声音洪亮，吐字清晰。培训师在发声时要做到声音大，且要有厚度。为了实现浑厚的声音，培训师要做到三点：

- 发音部位靠后。与平时发音相比，发音部位要往后靠，可以通过发"啊"来感受，发音越往后，声音越低沉。
- 说话时尽可能将嘴张开。张口的标准，是把五根手指并拢，能够放进嘴里，开口越大，气息越流畅。
- 使用气息发声。很多培训师是靠嗓子用力发声的，时间长了会导致咽部嘶哑、声带拉伤，因此培训师应学会用气息发声。气息发声的基本原理是靠鼻腔、颅腔共鸣发声。可以通过悄悄话训练来实现，用力说悄悄话让周围人听见，这个练习将有助于体会气息发声的特点。此外，在表达时尽可能追求咬字，这便于学员准确理解和记忆。

（2）语调

语调的基本要求是抑扬顿挫，重点突出。抑扬顿挫是指声音的高低起伏。基本原理是在培训师稳定表达的基础上，靠着重音、停顿、连读所营造出来的自然起伏。

（3）语速

语速的基本要求是娓娓道来，速度适中。一般授课的时候培训师的语速应慢于平时说话的速度。普通人平时说话的语速为每分钟 160~180 个，在授课的时候语速会降至每分钟 120~140 个。语速的降低能够有效避免口误、口齿不清、口头禅等问题。语速可以通过朗诵的方式来练习，特别是诗歌或散文，能够充分体验慢速表达的意境和韵味。同时在重点部分可以通过停顿、手势等方法强化；或者将长句拆成短语，采用二三法则断句，即在表达的时候，每个词或词组之间加一个小停顿，这样比较容易把控节奏，也容易突出重点。

（4）目光

目光是无声的交流，也是培训师最容易被学员感知到的肢体语言。在运用目光时要注意以下两点。

- 目光要接触到每位学员。不要忘记那些坐在旁边和距离比较远的学员，因为他们可能存在于培训师的视线盲点。
- 动定结合法则。既不要盯着一个人不动，也不要不停地环顾四周，应与学员目光接触 2~3 秒，然后换到下一个学员，方能自然。

（5）微笑

微笑可以展现培训师的亲和力，也容易帮助学员破冰融入。在微笑时必须做到嘴笑、眼笑、心笑，因为发自内心的微笑才有威力。在日常训练中可以通过发"引"这个音，以体验微笑的感觉，进而养成微笑的习惯。

（6）手势

手势宜大不宜小，宜少不宜多。经典手势有三个：用手掌指示方向，而不是用手指；当分点论述的时候，用表达一、二、三的手势加以配合；在强调重点的时候，可以用按或挥这种特殊手势去辅助内容。

（7）移动

移动比静止具有更高的能量，也展现了培训师的放松状态。培训师在课堂中可以采用游定之法，既不能站住不动，也不能游离不定，更不能在原地来回倒脚，而要较为自然地在课堂中左右、前后移动（在讲到课程重点时建议站定后再进行讲授，给学员以庄重、严谨感），平衡地关注到全场学员。

5.4.4　提高学员能量水平

高能量水平对现场培训十分重要，但一直维持高能量状态是很难做到的。理想的能量是在一定高水准基础上的起伏，随着课程进展、高低起伏为教学目标服务。但实际上，课堂能量在进程中一般呈逐渐下降之势。当能量降低到影响学员参与的时候，一是在教学过程中实时进行"小"充能，调动学员热情；二是转换频道，通过充能环节来解决能量降低问题，确保能量一直在"困倦"水平线上；三是通过休息、暂停、调整起点等方式来重置能量水平。

1．教学过程充能

（1）使用掌声

鼓掌既表示表扬和肯定，又是让全体学员动起来、互相产生能量的小诀窍。一开始，培训师通常要带头鼓掌或号召学员鼓掌，一旦学员被培训师感染和同化，就会习惯于掌握鼓掌的时机和节奏，并且经常在不用提示的情况下给予掌声。一般情况下，下列时机需要给予掌声：课程开始、小组完成分组讨论返回、学员现场演示、小组呈现结束、选定组长、学员回答问题、课程结束等环节。

（2）表扬认可

表扬是激发正能量的有效方法，从学员的角度来看，从学生时代就习惯了"提问—举手—点名—回答—表扬"的固定套路；从培训师的角度来看，表扬是为了"让正确的行为得到强化"，从而形成正向循环。这些都是让培训能量正向流动起来的良好方式。

除了上面提到的鼓掌，培训师要避免套路式表扬。一是表扬方式的多样化，除了口头表扬，点贴、发牌、鼓掌、肯定的眼神、记录对方的观点都是认可和表扬的方式。二是表扬的内容要具体化，记录对方的观点、对学员观点进行复述和提问、将学员观点融入课程中都是具体化的表现，真诚是表扬有价值的前提。三是表扬要保持公平性，尽可能让现场每个人都得到被表扬的机会。

2．活动环节充能

（1）活动的时机选择

纵观课程的能量曲线，不难发现有三个时间是明显的能量低点：一是中午临近午休；二是下午上课之前；三是下午临近下课之时。这三个时间需要采取必要的措施。此外，在课程进行过程中，如果发现学员出现注意力分散、肢体语言增多、表情冷漠而非配合等情况，应及时进行充能。

（2）活动的设计原则

- 宜简不宜难。较难的活动需要耗费更多的精力，在学员状态低迷时，较难的活动会加速其能量损耗，反而影响培训效果。
- 宜动不宜静。活动的设计应让学员能够动起来，交流起来，而非坐在那里静静思考。运动能够有效缓解大脑疲劳，让学员精力回复。
- 宜短不宜长。充能活动都比较简单，长时间进行简单的活动，会让部分学员感到不适，甚至产生抵触情绪。

（3）活动的组织方法

由于充能活动仅仅是在特定情形下的甜点，这类活动的开展容易降低课程的品质，但如果培训师做到如下五点，充能活动就能从低值小游戏变成充能利器。

- 说明目的规则。清晰解释选择充能小活动的原因和应用原则，以打消那些资深学员的顾虑（如那些感到"这些小游戏与课程无关，没有参加的意义"的学员）。
- 学员集体决策。让学员自主选择充能的方式，并决定在什么情形下可以启动，让部分觉得浪费时间的学员会因为集体决定而改变态度，进而有可能参与决策并乐在其中。

- 控制活动时间。活动持续时间不长，对于最初反感的学员而言，这种看似简单的活动仅持续 1~3 分钟，会让其抵触情绪不那么强烈。

- 控制活动频次。充能小活动不宜太频繁，过于频繁会让学员烦躁和抵触。一般半天内可以有一次充能活动，全天不超过三次。

- 学员自主组织。让提出充能活动形式的小组或学员带领全班进行充能，并给予及时的鼓励和奖励，培训师与学员一起参与。

3．额外休息充能

当学员开始出现异常行为时，培训师需要及时调整以维持高能量。如果刚才所述的活动看上去不能提振学员的状态，建议宣布临时休息，即使比原计划的休息时间提前。这样做看似打乱了原定的授课计划，但培训师能够利用短暂的间歇时间获得学员的支持和认可，从而保证学员全体参与。与其遵守既定教学计划让一部分人参与其中而其他学员保持冷漠，不如打乱计划以确保全体参与。毕竟，培训应当以学员为中心。

5.5 维护场域的注意事项

培训场域的塑造很难，维持起来也需要众多环节共同发力，但破坏场域却很简单，一句不恰当的话、一次不合理的对抗都可能破坏培训师好不容易构建起的场域。例如，如果培训师没有对学员发自内心的尊重，采取了不良行为，双方的链接随时就可能中断；如果培训师仅仅通过表面的技巧来应付、敷衍学员，对方也会有所感知，投入度就会下降，培训的能量就会难以维持……这些例子都表明，保持与学员（包括培训师与学员、学员与学员）之间的良好关系是场域维护最需要注意的。那么，哪些问题是培训中打造良好关系的加分项？哪些是需要培训师注意的易错点？

5.5.1　尊重个体，保持真诚

一位优秀的培训师要善于让学员感知到自己被重视、被尊重、被关注。笔者曾在亚特兰大参加了 ATD 全球学习发展大会，一位演讲嘉宾的分享主题为"引导技术创新培训未来"。当笔者在开讲前 15 分钟来到会场时，看到他站在会议厅的大门入口处内侧，和每个进来的人亲切地打着招呼，一个握手、一个拥抱、一个眼神、一句问候，并且在沟通中他会递给来宾一张卡片纸、一支签字笔以及一颗神秘的糖果——演讲中非常重要的"道具"。演讲还未开始，他已经和很多学员产生了有效的链接，并且通过行为表达了对学员的关注。从踏入会议厅的一刻开始，大家就能感受到演讲者对每位听众的重视和尊重，这让培训场域中的亲和感指数飙升。一小时的分享，处处体现出以听众为中心的特色，五天的 ATD 大会，他的两场演讲均座无虚席、反响良好。

另一个有趣的现象是笔者在过去 15 年中给超过 1 万名内训师培训、评审和认证的过程中发现的。例如之前说的"尊重"，学过 TTT 的很多内训师都是通过表扬来认可学员，这本身没错。例如，培训师抛出一个问题给大家："你们认为一名顾客在投诉的时候最普遍的心理诉求有哪些?"有好几位学员给出了自己的答案,培训师都给予了及时的反馈,如"好""非常好""很好,谢谢""这个想法真棒"等。接着轮到培训师进行总结,他打开 PPT,亮出了事先早就准备好的答案,侃侃而谈"顾客投诉的三大心理因素"。这种现象甚是普遍,因为这些培训师明白培训中要多提问、多鼓励,但却没掌握提问的真谛,即所谓的"假提问""假表扬"。如果缺乏真诚,教授的培训技术就会走样。而引导式培训倡导的真诚,就是要求培训师所有的尊重、欣赏都是发自内心的。

其实,培训师还可以通过很多其他方式表达自己的真诚及对学员的尊重。例如,认同学员个体的差异性,理解每个人的行为及反应上的不同;允许课堂中对同一个问题的不同看法,并专注地倾听它们;真心信任学员的能力与价值,相信他们可以出色地完成培训任务;不强迫学员一定接受自己的观点,态度保持认真、开放。

5.5.2 遇到问题,先问后答

"师者,所以传道授业解惑也"。当学员在请教培训师一个问题时,培训师应对的策略是什么?第一种做法是快速告知学员对的答案;第二种做法是"授人以渔",尝试教会他一个自己去找答案的方法;第三种做法是彻底不告诉他任何方法,但会抛出一个或多个问题使其思考,然后再适时分享培训师自己的观点和经验。

目的不一样,手段就不一样。引导式培训强调学员自主思考,主动寻找答案,更愿意付出努力去执行计划。因此,第三种做法是最有可能实现目的的。这样的策略称为"先问后答"。

举个例子,在"员工绩效管理"这门课程中,有个学员问道:"老师，我们团队有一位'90 后'员工，家里条件挺好的，平时工作不认真，我通过绩效打分来约束他，但他根本不在乎绩效的高低。我该怎么办？"作为绩效管理的老师，这时脑海里可能有多条建议、方法，但在这样的情形下，如果直接回答他的问题，可能任何"真理""绝招""技巧"都会显得"不那么好用"，甚至使学员产生对立情绪，因为培训师的各种建议可能都会让提问者产生"这个没用""这个不现实""你不理解我"等感受。这时培训师如果能先问几个下切式问题帮助提问者澄清现状（如"该员工不在乎的具体表现有哪些""你和他的沟通频率大概有多少"），再问几个上堆式问题帮助提问者寻找深层原因、达成共识（如"他理想的工作状态是什么样的""你是否询问过他想要得到的是什么吗"）。最后培训师再结合自己丰富的管理经验，通过举例子说明自己遇到类似的情形，自己当时是怎么处理的。这样的引导式培训师，谁会不愿意接受他的建议呢？

5.5.3　观点不同，先跟后带

　　十多年前笔者在移动公司任职时，参加了一门当时非常热门的课程"向上管理高尔夫"的培训。课程设计得很有特色：18 个案例贯穿课程，全程互动、小组竞赛，甚是有趣。每个案例的问题都有 6 个选项，各小组选择好答案后进行比较，培训师最后给出答案。进行了大半天后，每个题目的答案各组都很难统一。培训师的策略之一是每次争取相同观点的小组的支持。随着课程的推进，对第 8 个案例的答案各小组出现了不一样的看法，其中 2 个小组与培训师出现了严重分歧。培训师一直在努力说服这 2 个小组改变看法，而组员也清晰地解释了在他们这种类型的企业为什么培训师的答案是行不通的。最后这位资深培训师彻底愤怒了："我的答案已经讲解得很清楚了，为什么我上了 100 场这样的课，别人都能认同呢？"热闹的场面一下子变得无比尴尬……

　　遇到不一样的观点，作为培训师该如何有效应对？（这里不包括那些违背常理、与主题完全无关等失当行为下的观点。）引导式培训倡导的策略叫"先跟后带"。即先跟随学员的思路去尝试理解学员的观点，以及背后的假设，在此基础上，再通过整合、部分认可、重新解读等方式来引导学员重新理解培训师的观点，达成共识。例如，观点完全相反甚至违背常理，就重新解读，引导学员回归正轨；观点本质是一致的，只是表述不一样，就理解学员的观点，将两个说法进行整合；观点部分一致，部分不一致，就强调一致部分及原因，不一致部分再重新解读双方的理解及背后的逻辑。无论哪种方式，刚开始的"跟随"和理解都特别重要，否则又会演变成无休止的争执与辩论，这些是与引导式培训理念相违背的场景。

第 6 章

引导式提问

6.1 | 从无效提问到引导式提问

　　一位名叫欧谛德谟的青年一心想当政治家。为了帮助这位青年认清正义与非正义问题，苏格拉底和这位青年进行了下面的对话（以下皆是苏格拉底"问"、欧谛德谟"答"）。

　　问：虚伪应归入哪一类？

　　答：应归入非正义类。

　　问：偷盗、欺骗、奴役等应归入哪一类？

　　答：非正义类。

　　问：如果一个将军惩罚那些极大地损害了其国家利益的敌人，并对他们加以奴役，这能说是非正义吗？

　　答：不能。

　　问：如果他偷走了敌人的财物或在作战中欺骗了敌人，这种行为该怎么看呢？

　　答：这当然正确，但我指的是欺骗朋友。

　　问：那好，我们就专门讨论朋友间的问题。假如一位将军所统率的军队已经丧失了士气，精神面临崩溃，他欺骗自己士兵说援军马上就到，从而鼓舞斗志取得了胜利。这种行为该如何理解？

　　答：应算是正义的。

　　问：如果一个孩子有病不肯吃药，父亲骗他说药不苦、很好吃，哄他吃下去了，结果治好了病。这种行为该属于哪一类呢？

答：应属于正义类。

问：如果一个人发了疯，他的朋友怕他自杀，偷走了他的刀子和利器。这种偷盗行为是正义的吗？

答：是，它们也应属于这一类。

问：你不是认为朋友之间不能欺骗吗？

答：请允许我收回我刚才说过的话。

以上内容就是著名的"苏格拉底式提问"的一段对话。苏格拉底通过一连串的问题让欧谛德谟自己思考，而不是直接告诉对方答案是什么。同时，通过提问让欧谛德谟反思了自己浅显的结论。这个例子直接体现了提问的力量，这种力量无疑是培训师都希望掌握的。

6.1.1　提问能力自测

学习如何有效提问、逐渐培养在授课过程中的"提问习惯"、用一场"问题风暴"来升级传统的课堂，成为引导式培训师需要学习的一项重要技能。首先请结合过往授课经历，参照自测表（见表 6.1）的问题对提问技能进行自评（请在合适的空格内打"√"）。

表6.1　提问能力自测表

序　号	授课中的提问行为描述	不符合（1分）	偶尔符合（2分）	很符合（3分）
1	在1小时的培训中，最多会提3个问题			
2	在课堂中提问，习惯问"是"或"否"的问题，不常问"怎么办"之类的问题			
3	为了保证所提的问题有人回答，习惯性地使用点名回答的方式			
4	在30分钟的培训课堂中，至少说了3次"明白吗"或"对吗"或"你们听懂了吗"			
5	提问后学员保持沉默，原因主要是提出的问题过于空洞，缺乏画面感			
6	提出的问题与教学目标关联度不高			
7	如果学员的答案并非自己期望的答案，第一反应是否定学员，或者表现得惊慌失措			
8	如果学员的答案并非自己期望的答案，习惯性肯定学员，然后生硬地引出自己的答案			
9	提问过程中，学员挑战自己时，培训师为了维护自己的专业形象和权威感，将培训课堂变成老师和学员一对一的辩论赛			
10	针对提问后学员给出的答案，只做简单的认可，没有进行真实具体的反馈			

如果自测分数在 20 分以上，请重新审视自己的提问能力：是否在无意识中陷入了无效提问的旋涡？

6.1.2　常见的无效提问

提问是一项不可或缺的互动技能。它贯穿培训全过程，对提升学员学习兴趣、达成课程效果有非常重要的作用。我们把那些未能实现预期目的的提问称为"无效提问"。如果培训师一直使用无效提问，培训现场就堪比"车祸现场"了。以下是培训中常见的三种无效提问。

1. 问题设置不合理

"大家为什么来到本课堂？"问题过大，让人一下子无法回答。"你不认为是这样吗？""难道……不是吗？"学员只能被迫地点头或摇头。这些都属于"问题设置不合理"。其根本原因是，培训师未结合课程内容、学员情况等因素综合设计问题。它不仅会影响培训师与学员之间的链接，影响课堂氛围，更重要的是，会使学员失去思考的动力，获得的答案质量不高，难以有效实现教学目的。

2. 提问类型过于单一

有些培训师在课堂上只会应用单一类型的提问：要么是判断题，要么是选择题。出现这种情况的原因是，培训师掌握的提问技巧不够，在认知上觉得单一的封闭式提问更有安全感、更容易掌握。但是，单一提问无法给课堂带来足够的能量，容易陷入提问疲劳，重复的提问方式无法有效调动学员的积极性和主动性。这时，培训师急需学习多种不同的课堂提问技巧，掌握这些提问技巧的应用场景和应用要点，让提问变成实现教学目标的重要手段。

3．无意义的习惯性提问

有些培训师的口头禅是："对吗？"习惯性提问并不是真正的提问，因为培训师没有预设发问的目的，而是一种彻头彻尾的无意识行为，发挥不了实质性作用。学员会感觉被提问的频率太高，容易紧张。当高频次的习惯性提问出现时，也会破坏学员的听课节奏和思考效率。如果遇到爱挑战的学员，一句"老师，我觉得不是这样的"会让培训师措手不及，影响培训师的正常教学秩序。

6.1.3　引导式提问的价值

"引导式提问"是相对"无效提问"的一个概念。引导式提问是指在引导式培训中实现学员主动参与、深度思考、自我反思、内化行为等目的的提问方法的集合，是引导式培训师在课堂中实现"以学员为中心"的撒手锏。具体来说，引导式提问有如下价值。

1．鼓励广泛参与

引导式培训认为"每位学员都是智慧的，只要条件许可，他们都有能力找到解决问题的方法"，所以引导式提问力求让更多的人参与，倡导用群体提问代替个体提问，让所有学员都有机会提出自己的观点或疑问。

2．建立平等氛围

通过引导式提问，让学员感到被尊重（符合 MMFI 原则），观点自由，不受刻意影响，不让学员在被提问中感受到压迫感，不害怕表达自己的观点。

3. 激发主动思考

引导式提问强调学员视角，有画面感的问题、针对思维盲区的问题都能激发学员深度思考的兴趣，并且在引导式提问背景下他们更容易找到问题的答案（符合 ICDI 原则），激发他们的求知欲。

4. 提高行动意愿

引导式培训的目的之一是将"老师的知识"与"学员的实际"联系起来，将外在的知识、技能变成"我自己的能力"（符合 WIIFM 原则）。引导式提问是通过问题让学员对知识、技能形成自己的解读，实现知识"归属权"的转化，从而让学员更渴望到实践中去检验。

6.1.4　引导式提问的设计要求

引导式提问要实现以上价值，需要培训师在运用时明确以下几点要求，再根据教学的实际场景，选择后文提供的引导式提问的常见方法，即可逐步提升课堂提问的效能。

1. 明确的提问目的

提问是教学的手段，不是教学的目的。提问并非越多越好。所有的引导式提问都是基于一定的教学目的的。培训师在设计引导式问题前一定要先问自己："在这个时候提出这样一个问题，目的是什么？是为了激发思考、吸引注意，还是促进团队学习？"随着教学实践的不断开展，培训师要逐步把提问从刻意的动作变成一种教学习惯，才能真正成为引导式培训师。

2．清晰的内容关注点

内容关注点的选择有两大原则。一是"以终为始"，围绕组织、培训师、学员三方关注的焦点，依据课程的教学目标确定哪些内容是需要提问去引发学员深度思考的。二是"量体裁衣"，与具体的被提问者（个人、群体或全班）的需求点和兴趣点相吻合。

3．精准的流程设计

在设计流程时要评估一下话题的重要程度。第一种是话题本身就需要用较多时间去探讨，过程和结果都很重要。这类引导式提问就需要做好充分的流程设计，包括问题的描述、提问的流程、活动的规则、可预见的答案、可能的挑战情况等。第二种是话题本身并没有附带直接的教学目标，仅仅是教学中的辅助工作，时间较少，讨论的过程和结果都不重要。这类引导式提问的流程设计更多的是要符合引导式培训的原则、培训师现场的实际状况，按培训的一般流程（目的—问题点—倾听—反馈—确认）设计即可。

6.2　两种常见的提问种类

在培训课堂中，提问有两种常见的分类方法。一种是从问题的答案角度来看，把提问分为开放式提问和封闭式提问；另一种是从问题的对象角度来看，分为群体提问和个体提问。这两种分类和应用构成了培训师提问技术的基础。

6.2.1　封闭式提问和开放式提问

首先来看一段办公室同事的对话：

A：都快 12 点了，你饿了吗？

B：好饿。咱们吃什么呀？

A：中午时间紧，我想去吃饺子。

B：别了，咱们去吃麦当劳，怎么样？

A：好，走吧。

这段对话中包含了最常用的两种提问类型：封闭式提问和开放式提问。封闭式提问（如"咱们去吃麦当劳，怎么样？"）答案的可选项是有限的，通常以"是、否""能、不能""对、错"等确定性的词语回答。开放式提问（如"咱们吃什么呀？"）无预设选项，可以根据自己的理解和思考自由回答，常以"怎么""什么"等词语来发问。表 6.2 清晰地展示了封闭式提问与开放式提问的区别。

表6.2　封闭式提问与开放式提问的对比

封闭式提问的主干	开放式提问的主干
……对吗？	什么是……
你会……吗？	为什么……
你知道……吗？	以什么方式……
你觉得 A、B、C 哪个更好？	哪些是关于……

1．封闭式提问的应用场景

● 引出结论时。培训师通过封闭式提问让学员得出老师想要的结论，这时的提问相较直接陈述法有一定的进步，但也仅仅是一种简单表象上的互动。例如，培训课堂中常常听到类似的问题："现在的小孩子是不是比我们同龄时都成熟很多啊？""我们每天都会经常使用手机吧？"

- 确认信息时。培训师课程推进、要求学员反馈信息时可使用。"关于×××，我说清楚了吗？""上课之前大家听说过区块链吗？听过的请举手。"

- 聚焦方向时。培训师用于缩小讨论范围，不断调整问题，朝着特定的方向和目的靠拢。假如课堂中培训师播放了一段视频，其目的是让学员思考与上司对话的关键技巧，学员却耗费大量时间在讨论对话中涉及的技术细节上。培训师这时可以提问："从上下级沟通的角度，刚才的开场是否合适？"从而将学员的讨论聚焦在特定方向上。

2．开放式提问的应用场景

- 激发兴趣时。在培训活动开场时，为了让学员与课程之间产生链接，培训师用开放式提问，如"你希望在课程结束后解决你的哪些问题"。通过学员的思考，让学员带着期待和能否解决自己的问题的好奇心进入课程，从而达到激发兴趣的目的。

- 启发思考时。通过"你说的……是什么意思""你是如何看待……"等开放式提问，进一步发掘信息，探究观点，以问题的形式引导学员思考，启发学员自己发现更深层次的内容。

- 鼓励参与时。培训中需要尽可能多的学员参与到课堂中，通过类似"你能给大家分享一下相关经验吗""你们经常使用的手机功能有哪些"等问题，让学员感觉到问题简单、轻松，让每个人都有表达的想法，鼓励所有人参与到课堂中。

- 团队共创时。为了解决问题，找到更多的策略、路径与举措，通过开放式提问，让大家围绕一个具体的问题进行共创，挖掘集体的智慧。例如，培训师在组织案例研讨分析、典型工作任务提取、行动策略制定等具体情境下，常见的开放式提问有"假如你是案例中的小张，你会如何设计这次活动议程""请用动宾结构描述你认为的集团客户经理的岗位工作任务清单""你的下一步行动计划是什么"……

3. 封闭式与开放式提问的应用要点

"在课堂中，封闭式提问和开放式提问，哪种你用得更频繁？"这是在笔者的 FTT 课堂中经常询问学员的一个问题。在超过 1 000 名培训师的答案中，新任培训师更喜欢使用封闭式提问，因为封闭式提问对于培训师而言易操作、难度小、有安全感。资深的企业培训师使用开放式提问的比例会更高，因为开放式提问较具挑战性，但更容易引起互动、激发思考。进一步分析后发现，上述现象体现了培训师对于提问目的的不同理解：如果培训师单纯为了引起学员注意，甚至"为了提问而提问"，很可能问一些粗浅、易回答的问题（封闭式居多）；而只有当培训师希望用提问与学员进行较为深入的探讨时，才会问出有一定挑战性的问题（开放式居多），此时问题才能真正发挥价值。

结合开放式提问和封闭式提问的常见应用场景，作为一名引导式培训师在使用时应注意以下几点。

- 尽可能多地使用开放式提问。开放式提问的特点之一是鼓励发散思维，运用该提问方式有助于与学员之间进行更广泛、深入的对话。这与引导式培训的本质不谋而合，开放式提问是引导式提问的重要技巧之一。在课堂的回顾、确认等环节，当戴上"培训师"帽子时，可以适当运用封闭式提问，其他时候尽可能减少封闭式提问的使用。

- 开放式提问的描述应具体。尽管开放式提问能够激发学员思考，但问题太难或太抽象则会让学员无法回答。例如，培训师在"客户沟通技巧"课程的开场提出问题："客户沟通有哪些常见问题？"有很大的可能，学员不会回应。所以不妨将问题改为："请大家回想营业厅的日常工作，有时你可能觉得事情很简单但就是解决不了。你觉得可能在与客户沟通中出现了哪些问题？"当聚焦在难点时，比较容易激发学员的思考和回答兴趣。

- 难度要适中。提出的问题要适合参与者的背景，不能过难，否则大家都回答不上来，容易打消大家的积极性；同时，提出的问题要有一定的挑战性，能够激发大家的思考。即要符合激发兴趣三原则中的 ICDI 原则，这一点针对开放式提问尤其重要，因为没有答案可供参考。

- 提问冷场后有效应对。一旦遇到无人应答的情况，就要快速思考原因。一般来说，可以立即通过转换提问方式（开放式提问转换为封闭式提问）、改变提问对象（全班型、小组型、个体型问题之间转换）、调整提问难度等进行应对。

在表 6.3 的每个情境中，培训师都问了一个封闭式提问。在引导式培训中更强调多用开放式提问来实现教学目标，请你根据上述知识将封闭式提问转化为开放式提问。

表 6.3　封闭式提问转换练习

情　　境	封闭式提问	开放式提问
1．学员抱怨他的领导不会关心他们	你是否发现你们领导身上也有一些值得你欣赏的地方？	
2．学员在讲述他对一位逻辑混乱的下属的无语	你把这种感受真诚地和他分享过了吗？	
3．老师正在进行"时间管理"课程的开场	你们觉得作为咱们企业的项目经理，时间管理重要吗？	
4．开场时想了解学员日常管理的难点	你们觉得管好下属很难吗？	
5．学员对老师的一个关于"激励"的观点持有疑问	你觉得我的观点是错的吗？	
6．学员在抱怨一次跨部门沟通的糟糕境遇	你当时的情绪控制得还好吧？	

6.2.2　个体提问与群体提问

从提问对象的角度，课堂提问又分为个体提问与群体提问。个体提问即培训师将问题指向具体的学员，通过点名或在互动中以问作答的方式提醒、启发、考核特定学员的提问方式。群体提问即培训师将问题指向全班或特定的某个群体，旨在激发团体思考或引导团队成员达成共识。

1. 个体提问的应用场景

● 确认理解。为了确认对方是否理解对话的内容，通过"不知道我是否说清楚了""我回答你的问题了吗"这样的提问，获得对方的反馈。

● 检测效果。在课程进行或总结时，采用测试或者压迫式提问，针对每个人提不同的问题检验培训或辅导的效果。

● 提示注意。当课堂中有学员开小差时，为了提示学员将注意力转移到培训上来，同时为了照顾学员的自尊心，可以以提问与他邻近的学员达到间接提示注意的目的。

2. 群体提问的应用场景

● 热场与场域塑造时。群体提问需要群体共同回答，在塑造公平、安全氛围的同时，课堂的能量也会更高。例如，在"手机支付安全"这门课上，培训师问道："各位回想一下，每天你在使用手机时最常用的功能都有哪些。"接着大家七嘴八舌地回答会提高参与面，增加课堂热度。

● 当希望所有学员都主动思考时。群体提问因为涉及人数较多，与每个人都有关联性，能同时激发更多人共同思考。例如，在"表达呈现技巧"课上，培训师希望所有学员思考优秀培训师具有的特点时，设计了这样的提问："各位回想一下你曾经参加过的最成功的一场培训，那位培训师身上的哪些特质让你印象深刻。"通过群体提问，激发所有学员的思考并总结归纳，达成共识。

● 当需要对课程内容进行回顾总结时。让群体提问、群体回答帮助学员互相提醒和回顾。例如，在开展"班组管理核心五任务"的培训时，培训师这样提问："让我们一起回顾刚才的内容：激励下属的三大原则分别是什么？""激励他人的四个步骤分别是什么？"通过所有人的回答，完成对课程内容的回顾与总结。群体提问高效、简洁且可多次重复使用。

3. 个体提问与群体提问的应用要点

"在课堂上，群体提问和个体提问，哪种你用得更频繁？"笔者在 FTT 课堂上同样对这个问题进行了广泛调研。1 000 多名学员的反馈说明：新任培训师更喜欢使用个体提问，即通常所说的"点名"。究其原因往往是害怕冷场。而资深培训师使用群体提问的比例会更高，而且能将两类提问穿插使用。结合群体提问和个体提问的常见应用场景，引导式培训师在使用时应注意以下几点。

- 尽可能使用群体提问。引导式培训倡导更多应用群体提问来塑造团队动能。群体提问的特点是学员压力较小，强调更多人参与，鼓励发散思维，运用该提问方式有助于与学员之间更广泛、深入地对话。这与引导式培训倡导的理念是一致的，群体提问是塑造场域的重要技巧之一。

- 注重回答的公平性和广泛性。群体提问让积极的学员得以表现，同时也让沉默的学员有发言的机会。通过群体提问的指向来平衡学员的参与度。例如，对于得分低、参与度低的小组，应用群体提问指向该小组，且选择问题的难度稍低，便于他们回答。笔者比较喜欢在群体提问中针对特定小组进行提问，在课堂中回顾环

节，常会指定第一组来回答第一个问题，第二组回答第二个问题，
依次类推。

- 与竞赛相结合使用。在群体提问中，结合小组竞赛的方式，以及
  "压迫式提问"（培训师亮出问题，各组快速给出答案，答案答对
  且最快的前两名小组有奖励）、"抢答大冒险"（在课程结束时，
  把课程的核心要点提取出来，通过让各小组抽取问题来回答，每
  个问题难度大小分值不一样，经过几轮的竞赛，评选出得分最高
  的优胜小组）等引导互动技巧，会让学习氛围有巨大的提升，培
  训学员的链接也会增强。这样，才能将个体提问作为一种"主动
  调整"的方式，而不是无可奈何之举。

- 两种方式适度转换。群体提问与个体提问两种方式会适度进行转
  换。例如，群体提问后效果不理想，一是可以降低问题难度，二
  是可以指定具体的小组和学员来回答这个问题（要挑选那些看起
  来更愿意、更容易回答这个问题的小组和个人）。个体提问后也
  可以把这个问题继续抛给小组或全班进行讨论，表示对该问题或
  该问题所有者的重视，让问题升级。

- 难度系数与策略选择。问题难度适中或较小时，群体提问直接发
  问即可，效果较高。但问题的难度较大，需要系统、深入的思考
  时，群体提问可以给每个小组一定的时间进行讨论，并通过海报
  纸呈现、小组代表发言等方式来提升思考的质量。

- 复述追问与归纳。当问题的答案很重要时，需要学员理解并达成
  共识。在群体提问后，培训师要通过复述来确认学员的不同答案；
  通过追问来了解学员答案背后的逻辑，挖掘更多的可能性和浮现

背后的假设；通过归纳对答案进行收敛和达成共识。

6.3 四种常见的引导式提问方法

上文提到，引导式提问的目的是要实现学员主动参与、深度思考、自我反思、内化行为等。在引导式培训中，除了多用开放式提问启发思考、多用群体提问鼓励更广泛地参与这两大提问原则之外，还有哪些具体的提问方法能更好地达成上述目的呢？通过引导式培训的实践，我们总结了四种常见提问方法，每种方法的特点、适用场景有所差异。下面逐一解读。

6.3.1 图景式提问

假设在 FTT（引导式培训师培训）这门课程的开场，培训师想了解一下在场学员对本次培训的预期。他可以这样问："你们希望从 FTT 这门课程中学到什么？"也可以这样问："回想一下你曾经上过的一次比较失败的课程，学员死气沉沉，氛围很难调动。如果你能调整某些做法，或者强化某些能力，来避免这类授课效果不佳的情况再次发生，你们希望从 FTT 这门课程中学到什么？"两个问题想要问的内容是一致的，但可以想象一下，在培训课堂中哪个提问回应的学员会比较多，哪个提问回应的质量会更好。

1. 什么是图景式提问

上述第一种提问是直接式提问，仅仅是问出了提问者想要知道的内容；上述第二种提问叫作"图景式提问"，以图画、场景来开始提问，帮助被提问者看到问题的画面，以达到更自由思考的效果。

直接式提问对于培训师来说很简单，如果想知道投诉处理的流程，就问："投诉处理的流程是什么？"如果想知道学员的培训需求，就问："你的培训需求有哪些？"但在培训课堂中，这样提问可能不够合适。当培训师问出"投诉处理的流程是什么"时，参训学员就开始绞尽脑汁思考问题的答案。他们可能想象着平日里遇到客户投诉时，他们做过的一些行为，或者想着公司关于投诉的文件资料。他们在努力思考的同时，培训师得到的却是一片"思考下的沉默"，而此时培训师正期待着大家对他的问题有更快、更直接的反应。当这样的沉默频繁出现的时候，教室内的热情和能量将急剧下降，甚至让思考的学员也感觉自己不太聪明，或者这个主题太难了，这时就违反了激发兴趣三原则之一的 ICDI 原则。问题出在哪儿呢？关键在于"学员需要时间思考"和"课堂沉默会带来冷场"之间的矛盾。

图景式提问的关键是建立一幅场景，帮助被提问者对问题进入一种"感同身受"的状态，从而进行深入思考，给出较高质量的回答。从被提问者的角度来说，"图景"就像给思维来一段热身，从而减少由于"这个问题太难、太大、太空洞"而随便给个答案，或者直接放弃的情况的发生。图景式提问让学员快速进入状态。当培训师描述完问题后，通常会有很多学员已经准备好了答案。通过培训师的提问，填补了"思考下的沉默"，从而兼顾课堂氛围和答案质量。

2. 图景式提问如何实现

如何将直接式提问变成图景式提问？可以解构成三个关键步骤来实现。

- 第一步：使用构建图画的词语。可以构建图画的词语包括"想象一下""回想""如果你在""当你在"等，通过对画面的描述，将参训学员引导到情境之中，并带入思考中。

- 第二步：把问题与场景结合。描述问题的画面，不要直接给出答案。只需通过描述，唤醒参训学员看到他们自己的答案即可。

- 第三步：给出直接问题。最后直接提出问题，引导学员说出答案。

以上描绘的是一个完整的图景式提问的三个要素。可见，在设计一个图景式提问时，是先从第三步开始的：首先明白想问的是什么，然后再构建图景，帮助学员更好地回答问题。

例如，在"企业文化"课上，培训师想了解学员所认为的优秀企业人应具备的特质。首先，非图景式直接提问是："你觉得一名优秀企业人应具备哪些特质？"想清楚直接问题之后，再构建一幅图景。例如，"回想一下在你的工作经历中，你最欣赏的一位同事，无论他是你的领导、平级还是下属，他的一些行为与品性让你对他产生尊重、认可。"最后，将这个图画延伸到他们的答案中。将"你觉得优秀企业人应具备哪些特质"这一问题转换成类似的含义表达，如"你尊重和认可他的行为品性""公司文化和价值观在他身上最直接的体现"。

经过以上三个步骤之后，按照图景式提问的结构进行组合即生成了一个图景式提问："回想一下在你的工作经历中，你最欣赏的一位同事，无论他是你的领导、平级还是下属，他的行为与品性让大家对他很尊重和认可，他身上有公司文化和价值观最直接的体现，他和一般员工比起来有很多独特的地方。那么，从他身上延伸开来，你觉得一名优秀企业人应具备哪些特质？"

3. 图景式提问的应用场景

- 课程或单元开场环节。在课程或单元的开场环节，通过图景式提问，让学员快速融入将要学习的主题，让学员与工作场景进行连接，感受到学习的价值（WIIFM 原则），在激发思考的同时也激发了学习兴趣。例如，在"职场向上沟通"课程的开场，不妨这样提问："回想一下最近一个月，在你和你上级交流的过程中，有没有让你很委屈、很生气乃至很愤怒的事情。很多时候，这些情况不是由于工作内容而是由于沟通方式造成的。那么在向上沟通中，哪些因素比较容易造成沟通不畅呢？"这种问法，比直接问学员"在向上沟通中，哪些因素比较容易造成沟通不畅呢"的效果明显，而且更容易得到学员的回应。

- 案例研讨提问环节。提问设计是案例教学中的关键一步，培训师在呈现案例内容之后，特别常见的一种提问是："如果你是×××，你会怎么做？"这时如果用图景式提问，培训师在口头上对问题就可以补充为："如果你是×××，面临×××等挑战，还要顾及×××等因素，左右为难，但还是要争取完成×××目标，你会怎么做？"对于帮助学员快速回顾关键点，进入思考状态，看到答案的场景都有较好的效果。

- 提问效果不理想时的补充。例如，"手机最常用的功能有哪些""你们部门的人员结构是什么样的""工作之余，你有什么业余爱好"等这些简单的被提问者易回答的问题，为了提高对话的效率，有时直接发问就好。但假如提出问题后得到的回应是"沉默"，这时培训师就要及时通过重复、转换提问方式、指向具体人员等来应对，同时可以将直接提问转换为图景式提问。例如，把刚才的问题改为"回想一下在一天时间里，你使用手机的每个场景，都用手机做些什么了"，相信一定会得到更广泛的回应。因为这样的图景式提问更有画面感（"一天""使用手机"），更加针对了每个人（"你"），更客户化的语言表达（"功能"改为"用手机做些什么"）。

6.3.2　上堆式提问与下切式提问

1.　什么是上堆式提问与下切式提问

上堆式提问是为了使对方看到当前事情的未来或背后的意义，引发对方调整思考方向，使对方在问题指引下，看到的范围更大、更宽、更高、更远，从而化解片面认识，自觉地寻找对策，以更正面、更被接受的观点/行为去取代过去的观点/行为。因为"意义"存在于每个人的潜意识中，是很主观的和不能尽言的，所以在语言层面取得意义上的一致感觉时，对方会被带到新的思考方向上，这样的技巧叫作"上堆"。常见的上堆式提问示例如下：

拥有它将能让你得到什么？

这样做，对你来说有怎样的价值？

达成这个目标，会使你的人生有什么不同吗？

你这样做的目的是什么？

你期望五年后最理想的状况是什么样子的？

……

回到培训场景中，上堆式提问是为了帮助学员找出背后深层次的需求和思考。例如，在 FTT（引导式培训师培训）这门课程中，培训师通过设计"你希望三年后你在培训师这个岗位上最理想的状况是什么""你觉得成为什么样的培训师你是最开心的"等问题，启发学员思考培训师的价值定位。上堆式提问，一般用于挖掘现象背后的本质，并且多数是基于未来需求的。

下切式提问，是为了更加清晰地理解对方话语的意思，在对话中通过提问聚焦对方的观点，就像用小钳子把对方观点中一些隐藏的信息捡出来一样，一层一层拨开，引导对方透露更多的信息，或者感受问题背后的具体内容，从而进行客观判断，找出有利的解决方案。培训中用下切式提问进行互动，会让学员产生强烈的被尊重感。培训师通过下切表达出"我很重视你""我期待了解更多""我愿意倾听"等内涵，这都体现了引导式培训的 MMFI 原则。以培训师在开展"化抱怨为机会"这门课程培训前进行的访谈为例，来看看下切式提问常见的范式。

What（什么）：你的主要工作职责是什么？

How（怎么）：现阶段遇到这样的客户投诉，你们是怎么应对的？

Why（为什么）：为什么在处理投诉时会是这五个步骤呢？

When（什么时候）：你上次参加服务类培训的时间是什么时候？

Where（哪里）：当时的培训是在哪里举行的？

Who（谁）：参加的学员都有谁？项目发起是哪个部门？

How Much/Many（多少）：培训的时间有多长？培训的价格是多少？

学员的目标往往很宏大，有时会"不知所措"。培训师通过下切式提问，让对方在回答互动中厘清思路，清楚自己如何一步一步地去实现这个目标。在问答中，自己找到答案，生成发自内心的信心和动力。学员的观点有时会很空洞、模糊，有时会"不知所云"，培训师通过下切式提问可以快速地了解对方、理解对方，帮助他澄清观点，甚至形成新的更有价值的观点。无论是哪种情形，下切式提问通常都可以通过 5W2H 的结构来进行，即 What（什么）、How（怎么）、Why（为什么）、When（什么时候）、Where（哪里）、Who（谁）和 How Much/Many（多少）。上面提到的案例就是培训师在训前访谈中，用 5W2H 来层层下切、了解信息、找到真相的。

2. 上堆式提问的应用场景

- 目标不清晰时。例如，在培训中有学员反馈说自己处于职业迷茫期，请教培训师如何设计自己的职业发展路径。作为引导式培训师可以这样提问："你能想到三年后自己最理想的状况会是什么样子吗？""如果这些你都做到了，你觉得真正令你满意的原因是什么？"运用上堆式提问让员工自己探求内心的渴望，自己找到/看到可能的答案。

- 动力意愿不足时。学员经常会以"这些我都知道，但实际做不到为理由"不愿意接受或付出行动。例如，在 TTM（培训培训管理者）这门课上，一群培训管理者在探讨"如何更有效地激励公司的培训师"。针对讨论出来的部分举措，有些培训管理者会发出"这种方法在我们公司根本不可能"这样的声音，作为培训师该如何响应呢？当然，最差的就是训诫、教育他，然后说出培训师的"好方法"。引导式培训师这时可以通过一个上堆式提问，推动大家达成共识、找到动力。例如，向全班问道："作为一名培训管理者，你希望培训师的真实状态是什么样子的？你要做些什么才能真正打动他们？"

- 需快速共识、把控方向时。培训现场，经常会有学员的答案天马行空，作为培训师该怎么处理？例如，培训师提问："你觉得作为一名合格的培训师，必须具备的素质有哪些？"有学员回答："会讲笑话。"培训师这时可以用上堆式提问来应对："为什么要会讲笑话呢？""讲笑话意味着能让学员开心，那你的意思是说培训师应该具有调动氛围的能力，对吗？"培训师巧妙地应用上堆式提问，将学员的回答在"意义"上进行了升华，快速达成了共识。在培训的研讨环节，经常会遇到一种情况：两位参与者各抒己见，吵得难分难解，无法达成共识，研讨一度陷入了僵局。这时可以使用上堆式提问来引导方向："你们的分歧点主要是……那我们只需要讨论……就可以了，是吗？"有效地厘清分歧的实质，快速收敛，提升效率。

3. 下切式提问的应用场景

- 重点内容解析，确认理解时。培训师在解读课程的一个重要知识点时，除了讲解，还会有图片、视频以及举例子、讲故事、做示范等方法来帮助学员记忆和理解这个知识点。这些通常还是以培训师为中心的，但是以学员为中心的教法最常见的就是学员练习、反馈、答疑。下切式提问提供了一种以学员为中心的简单方法，即通过提问题给学员，把学员变成"知识的拥有者"。例如，培训师讲解完了"投诉处理五原则"这一课程核心知识，可以提问："你在日常的投诉中是如何体现这些原则的？""原则一和原则二的区别是什么？""原则三在什么场景下体现得最重要？"这些下切式提问的目的都是将知识与学员自身进行关联，帮助他们更深刻地理解。

- 与学员进行答疑互动时。当学员给培训师提出问题时，推荐策略是"先问后答"。这里的"问"经常都是下切式提问。对学员提的问题，培训师通过下切，一是澄清问题，二是表达对提问者的关注，三是在对话中思考和找答案。这样的下切比直接给出答案更容易让学员接受，学员未来行动的动力也会更强，而这正是引导式培训倡导的以问题为中心而非以答案为中心，以学员为中心而非以培训师为中心。

- 挖掘细节内容。学员提到他的某位下属很难缠，不知道如何应对，这时通过下切式提问是最直接有效的。"他的什么行为让你觉得他很难缠？能举个例子吗？""他现在的主要工作内容是什么？""你和他主动沟通的场景都有哪些？"通过一系列下切式提问，一是帮助培训师了解情况，便于提出针对性的建议；二是让学员在回答中系统地回顾和盘点现状，更加客观理性；三是在此基础上再结合 1~2 个上堆式提问让他自己去寻找背后的意义，将会迅速打动学员。

- 确定事情真伪。当人们遇到问题时，也许无法立刻做到理性分析，但说出感受则比较容易。感受是主观的，下切式提问帮助还原事实，帮助判断感受的真伪。假设同事抱怨："我真是烦透了，我再也不想干了。"可以这样应对："最近发生了什么事让你觉得如此烦躁，能说给我听听吗？"通过下切式提问让对方从感性回归理性，从而寻找解决问题的策略。通过下切式提问发现她并不是"不想干了"，只是在寻找"如何应对某个上司布置的超额任务"的方法。下切式提问能让学员描述的场景更加聚焦，能让学员的观点浮现出背后的真相。

6.3.3　漏斗式提问

如果部门领导在聊天时说了一句"你们那儿的×××最近让我很满意"，你会如何反应？

A——紧跟大势派："是，我看他每天第一个就到办公室了。"

B——积极主动派："那我一定多向他取取经！"

C——别有用心派："嗯嗯，我看×××和×××最近干得也挺不错的。"

从引导的角度来说，上面的几种反应都不够好。究其原因，领导的这句评价其实是一个引子，后面还有不少内容值得挖掘，而挖掘无疑要靠提问来帮助。如何抓住机会，问出领导心中的深意？可以运用漏斗式提问。

1. 什么是漏斗式提问

所谓漏斗式提问，是指当听到对方给出评价性的表述时，要对支持评价的观察点进行探询，明确背后的价值观（见图 6.1）。简单来说，就是需要通过提问，找到对方做出评价的事实依据，然后从这个依据中推断对方的评价标准。之所以命名为"漏斗"，指的是要看对方选择了哪些事实作为论据（而忽略了哪些），那么我们可以就此反推出他做选择的这个"漏斗"，也就是背后的评价标准了。

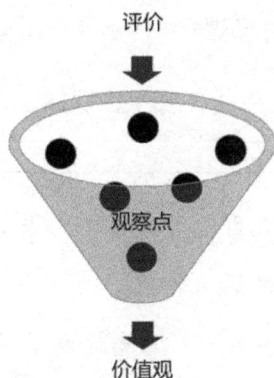

图 6.1　漏斗式提问示意图

回到开头的情景，部门领导说："×××最近让我很满意。"

聪明的下属会问："×××做了什么让您特别满意呢？"

情景 1：

领导回答："最近工作这么忙，他还是该什么时候提交就什么时候提交，从不拖延。"

（解读：领导重视工作中的时间计划性。）

情景2：

领导回答："我给他布置任务之后，他总是能马上提出几点疑问，问得都很在点子上。后续工作我就特别省心。"

（解读：领导重视对于任务的主动思考。）

可以看出，虽然领导的评价同样是"×××最近让我很满意"，但背后的原因可能千差万别。不通过问题进行深挖，就无法真正理解对方的意思，或者错失了解对方深层次想法的良机。

2. 漏斗式提问的应用场景

再通过几个例子来理解一下漏斗式提问的具体应用。

例子1：假设最近有一部大热的影片，你和朋友们都看过了。以下是你与朋友的聊天情况。

好友A："嘿，《×××》电影你看了吗？我觉得特别棒！"

你："我也看了，你说说，这部电影哪里让你觉得特别棒啊？"

好友A："我从开场30秒就开始笑，全程笑点不断，到最后肚子都笑疼了。"

通过提问，你了解了好友A对这部电影的评价标准。而事实上，你可能更喜欢紧张刺激的动作大片，因此你对该电影的评价比较一般。

你："看来这部电影让你觉得特别轻松愉快，所以你觉得很棒，是吧？"

例子 2："化抱怨为机会"课程中

学员 B："老师，我觉得这个案例跟我们的实际工作差别很大啊！"

你："哦，那你能说说具体有哪些差别吗？"

学员 B："这里说的投诉客户都是一些老年人，文化水平也一般；但是我们实际投诉的主要来源都是一些年富力强的白领，一个比一个会说……"

你："嗯，所以你觉得客户的年龄特点和文化水平，应该对投诉处理的方法有所影响，是吗？"

请再回顾一下上面的两个例子，这次只看好友 A 和学员 B 的第一句话。想象一下，假如是你在上述情景下与他们对话，你的第一反应是什么？可能是认同，也可能是反对，但大部分人的反应可能不是提问。在日常工作中，面对对方做出的一个评价，尤其是针对比较熟悉的话题时，人们的第一反应往往是表态。

漏斗式提问的关键，就是要训练自己在对方做出评价时，转换自己的思路，及时抓住机会。请把一段对话想象成 RPG 游戏的一个关卡。每当对方做出评价时，"叮"的一声，你的头上就会跳出一个对话框："新任务——此时我应该：A 表明自己的态度，B 探寻对方的想法。"也许不是每次都选择 B，但最关键的是，要让自己形成这个选择的习惯，而不要把这些隐藏任务直接忽略掉。

如果选择"探寻对方的想法",那么自然而然就会进行提问。提问时要注意,问事实,问细节(例如,"做了什么""从哪里看出来的")。一来,对方更容易回答,不会感觉受到质疑;二来,事实类问题能帮助提问者更准确地进行判断,而思路类问题答案往往比较抽象(例如,领导可能笼统地说:"×××工作责任心很强。"),可能会让提问者的理解有所偏差。

6.3.4　SSR 式提问

老李:"小张啊,可把你这个专家盼来了,咱们赶紧讨论一下二号机组故障怎么排除。这可是个大问题!"

小张:"李师傅过奖了,您先跟我说说,您估计这个故障对我们有多大影响?"

老李:"就这一个故障,直接导致产能降低了 20%。"

小张:"那确实挺严重的。您怎么知道产能降低了 20%?"

老李:"上午领导特意找我去看了过去 48 小时的汇总报表呢。"

小张:"明白了。您觉得故障最可能的原因是什么?"

老李:"根据经验,十之八九是冷凝系统出了故障。我在报表上特意看了看温度监控,二号机组的水温远高于正常水温。"

1. 什么是 SSR 式提问

这段对话中小张运用的提问方式就是 SSR 式提问。SSR 式提问，是指当听到对方提到某个难题的时候，尝试通过确定规模（Size）、症状（Symptom）和根本原因（Root cause）对其进行提问，澄清关键信息的一种提问方法。具体内涵如下。

- 规模。对难题进行规模衡量。规模一般用"大小""多少""多久""多少钱"等形容数量、时间或金额的词语提问。之所以要提问规模，主要是为了确定难题的重要性，看是否值得继续探讨。例如，上面的例子中第一个问题"对我们有多大影响"，老李可能会说"产能降低 0.2%"，那么就需要考虑一下，到底要投入多少时间、精力来解决这个难题。

- 症状。对"你如何知道出现问题"的提问，帮助了解对方到底有什么证据，主要是为了确定难题的真实性。例如，上面的例子第二个问题"您怎么知道产能降低了 20%"，老李可能会说"我听其他部门同事提了一句"。那么这个问题的真实性还有待进一步确认。

- 根本原因。对这个问题初步原因的分析。问题的提出者一般对于问题的具体细节比较清楚，他们的思路可以作为解决问题的切入点，避免大海捞针。

2. SSR 式提问的应用场景

> 例子：在"时间管理"课堂上
>
> 学员："老师，您讲的这些'重要性排序'等我都赞同。但我最大的问题是工作的时候老是接到电话，打断思路，导致效率很低。您说说我该怎么办？"
>
> 培训师："这样确实很难聚精会神啊。效率到底能有多低呢？"（Size）
>
> 学员："不夸张地说，一份 2 000 字的年度个人工作总结，我一整天都写不完。"
>
> 培训师："那你怎么知道是因为电话的干扰导致写不完呢？"（Symptom）
>
> 学员："我调出通话记录来一看，一天接了七个电话，平均每半小时就来一个，每个还都不短。您说这能集中精力嘛……"
>
> 培训师："七个电话还真是挺多的了。那你觉得为什么会有这么多电话呢？"（Root cause）
>
> 学员："主要是我们部门一个同事休产假了，我除了本职工作还要顶她的一部分工作，接口就特别多。"

SSR 式提问在培训中可以作为提出解决方案之前的澄清和确认。在课堂上，当学员提出难题进行求助时，往往培训师会非常积极地给予帮助。然而，在对问题进行深入探讨之前，有必要对其重要性、真实性进行评估，同时快速找到切入点。通过 SSR 式提问，培训师哪怕不能马上得出问题的解决思路，至少可以比较准确地评估需要投入多少资源来解决问题。如果一个学员提出的难点经过 SSR 式提问一推敲，发现并不重要，或者并不真实，那么可能需要进入"停车场"，稍后再处理。

具体来说，针对"规模"的提问，最希望得到的是定量的描述。如果对方的描述比较含糊，那么第一个步骤还不算完成，问题的重要性可能需要通过引导来进一步确认。例如，在本节开头的示例中，老李针对第一个问题的回答可能是："这个故障影响可大了，一两句话说不清楚。"那么小张可以接着问："您说说它对于咱们的几个关键指标，到底能有什么影响？"最常用的引导方式就是找出"指标"，让问题提出者进行量化估算。需要注意的是，指标一定要合适。还是在这个示例中，如果小张问："您估计这个故障给我们带来的经济损失有多少？"那么老李很可能确实回答不出来。

针对"症状"的提问，最常出现的误区是这个提问被忘记了。其实只要这个步骤不丢掉，提问方式反而非常简单，直接套用上个步骤对方的回答，说"您怎么知道……"就行了。唯一需要注意的是，从语气上要让对方感觉确实是在了解情况，而不是在质疑对方的判断。

针对"根本原因"的提问，则往往被培训师有意识地忽略了。培训师可能觉得不好意思：学员明明是让我帮忙想办法，怎么能倒回去问人家的意见呢？但不问这类问题的风险不仅在于可能无从下手，更可能学员还有一部分关键信息等着跟你分享，而培训师已经开始滔滔不绝讲自己的想法了，这样很有可能文不对题。结合前文提到的引导式培训师的信念和场域塑造，SSR 式提问无疑是"先问后答"原则中"问回去"的一种不错的参考范式。

第 7 章

共创式教学

7.1 | 认识共创式教学

今天，韦老师将讲授"应诉技巧中的法律常识"，这是一门专门介绍如何应用法律法规处理疑难投诉的课程，包含了大量的法律专业知识。很多学员对这门课程的期待并不高，可谁也没想到，韦老师采取了全新的教学流程，用全程互动的方式精彩演绎了该课程。他将课程分成了四个阶段。

第一阶段是理论输入和提出问题。在开篇导入后，韦老师向全班提出了如下问题："回想一下，在过去你们经常处理的那些投诉里，哪些投诉需要应用到法律法规。"他要求学员把自己过往经历中需要应用法律法规的投诉场景写在卡片纸上，然后一一贴在研讨墙上，在短时间内快速收集需应用法律法规的投诉场景。

第二阶段是分配任务。他请学员通过投票的形式从中选出了最典型的五个场景，并将这些场景分配给每个组，要求各组基于这些场景特征，从现有的法律中寻找可以支撑投诉处理的条款。

第三阶段是组内研讨和公开呈现。各组学员基于指定的任务进行了热烈的讨论，形成了小组共识。在讨论结束后，韦老师要求每个组派代表上台呈现研讨过程和成果。

第四阶段是反馈和总结。在各组呈现成果后，韦老师进行了总结和点评，纠正了各组研讨成果中错误的认知，补充了学员忽略的细节。再通过总结，就五个典型投诉场景需应用的法律条款与学员达成了共识。

在整个过程中，他讲授的部分很少，但效果极佳，学员主动思考、积极参与，师生间互动频繁。不少学员回到工作岗位后都做了转训，从转训效果来看，学员对课堂知识点的理解程度和记忆水平十分理想，全面达成了预想的培训效果。

韦老师所采用的教学方法，就是本章的核心内容——共创式教学。所谓共创式教学，就是以问题为出发点，在培训师的引导下，通过应用发散、聚敛工具，让学员主动思考、积极参与、群策群力找到问题答案的教学模式。与传统的讲授相比，共创式教学有如下优势。

（1）激发学员主动思考

共创式教学是从问题出发，按照培训师提出问题、学员分析和解决问题、双方复盘总结的步骤开展教学。基于问题的研讨对学员刺激度更高，更具挑战性，易于激发学员的主动思考。

（2）提升学员参与度

在该模式下，培训师是问题的提出者、规则的说明者、过程的管理者、结论的纠偏与总结者。研讨过程以学员为主，整个过程中存在大量的交流活动，参与感极强。

（3）增强学员对课程内容的认同

大多数观点来自学员的思考结果，研讨的成果会获得多数学员的认同，提升学员对知识点的理解和记忆。

7.2 | 共创式教学的应用场景

共创式教学在培训中主要有三个应用场景：一是，通过团队共创挖掘群体智慧，解决实际的场景化问题；二是，用于课堂上的案例分析，通过共创式教学的步骤，帮助案例分析讨论更深刻；三是，强化学员对核心内容的理解，将知识进行转化，从"培训师的知识"转变为"学员自己的知识"。

7.2.1　问题解决

在教学过程中，针对那些没有标准答案的工作难题，培训师采用共创式教学的方式，组织学员在研讨的过程中，共创当下最优解决方案，这有效弥补了传统培训的弊端。传统培训方式是"下载式"——学员从培训师讲授的课程中获取用于解决自身问题的知识和信息，从培训师的课程中获得实际问题的答案。但如果某个实际问题本身没有成功经验或标准答案，以讲授为主的传统培训方式一般会回避这个难题。共创式教学却可以让培训师与学员一起，萃取大家智慧以解决这些与课程主题相关的实际难题，真正实现教学互长、学教互助。这样就能将"老师讲——学生记——一起练"的传统培训方式转变为"提出问题—共创策略—落地应用"的共创式教学方式。例如，培训师在带领业务专家开发课程时，可以应用共创式教学的方法充分激发学员的思考和智慧，引导学员萃取课程内容，梳理课程大纲，并在课程开发团队内部达成共识。

7.2.2　案例分析

案例分析法是培训师授课过程中常用的一种教学方法，是指把实际工作中出现的问题作为案例，交给学员研究分析，促进学员对所学知识的理解和掌握，培养学员的分析能力、判断能力和解决问题的能力。在进行案例分析时，通常是培训师向学员先提供一段背景资料，然后提出问题，要求学员阅读分析给定的资料，依据一定的理论知识，或做出决策，或做出评价，或提出具体的解决问题的方法或意见等。随后，培训师会邀请小组学员代表分享讨论成果，并由培训师进行总结点评。

在实施案例分析法的过程中，培训师可能碰到的问题或困惑是：问题设计得不恰当，学员讨论的难度大，学员的参与度不高，讨论成果不尽如人意等。这些状况如果处理不好，可能会给学员造成"走过场"的印象。共创式教学可以在一定程度上帮助培训师规避这些难题。例如，培训师在要求学员研讨一个"疑难投诉处理"的案例时，便可以应用共创式教学组织研讨，使讨论问题设计得更科学，将小组内松散式的讨论变为结构化的研讨，视觉化呈现研讨成果，调动全班学员共同参与观点的梳理和决策等。这些改变将使案例教学的内容更有深度，参与的学员更加广泛，从而促进案例分析目标的达成。

7.2.3　强化共识

所谓的强化共识，是指培训师对于某个主题已经有了明确的答案或结论，但是仅靠传统的讲授、分享、讨论等方式无法很好地实现学员理解、认同的效果，如基础理论、规章制度、企业文化价值观等主题。在成人学习的过程中，学员都会带着自己的经验和思考，如果老师一味地宣贯，很容易引发学员的抵触心理。此时，培训师需要通过教学方法设计，引导学员主动将过往的经验、认知与所学主题进行链接，发表自己的见解，通过彼此分享、探讨、感悟的方式实现强化共识的目的。

我们以新员工培训中"企业价值观"讲解为例，说明共创式教学在该场景下的应用方法。某企业价值观共六个关键词，分别是诚实、主动、创新、认真、担当、勇气。培训师希望学员能够准确理解这六个词，并在实际工作中遵守。在实际授课时，培训师在讲解六个关键词的核心内涵前，可将关键词分配给各小组，请学员讨论："在实际工作中，如何体现×××价值观？"或"×××价值观的具体行为表现有哪些？"随后，请学员按照头脑风暴和团队列名的规则在小组内部分享看法，对观点进行归类呈现，组织小组间的交叉验证和反馈，最后由培训师结合课程内容进行点评升华。在这样的教学模式下，不再是培训师机械地讲授企业价值观，而是将课堂变为学员主动的探索和分享，他们对价值观的认同度也将大大增强。

7.3 | 如何开展共创式教学

培训师对引导式培训理念的理解程度、研讨问题与学员的关联度、现场教学环节的设计和活动组织等因素都会影响共创式教学的效果。因此，即使在课程内容、研讨主题、参与学员都相同的情形下，不同的培训师开展共创式教学的效果也可能存在较大差异。为了降低教学效果对培训师个人风格和授课技巧的依赖性，帮助培训师简便、高效地学习并掌握共创式教学的精髓，笔者结合大量的教学实践经验，将共创式教学提炼为五个关键步骤，并通过一个真实的教学案例直观地展示共创式教学在课堂中的应用。

7.3.1　提出问题

1．步骤描述

结合课程内容和学员实际工作状况，向学员提出讨论议题，并清晰地界定问题边界，确保每位学员正确理解所要讨论的议题。

2．注意事项

（1）问题的选择

培训内容很多，但哪些内容需要应用共创式教学，是需要思考的。问题的选择要符合两个标准：一是选择与课程主题强相关且重要的内容作为待讨论问题，因为共创式教学对时间的投入更多；二是问题的选择要考虑学员的经历和能力，需要学员对问题有一定的认知，能够在研讨过程中发表自己的观点和看法。如果是一个全新的话题，学员没有认知基础，那么在讨论过程中学员容易抽离，讨论成果的深度也容易让学员产生挫折感。

（2）问题的澄清

培训师要清晰准确地向学员提出研讨的问题，并确保学员真正理解问题的内涵和边界。然而，在实际的教学过程中，经常会出现当培训师提出问题后，学员一脸茫然的情形，此时培训师可采用一些实用技巧促进学员对问题的理解。一是应用图景式提问法，描述一个实际的工作场景，发挥学员的想象力，使其设身处地地体会场景中的人物角色、处境状况、面临的问题，从而更容易激发学员思考。二是培训师可以结合个人的实践经验，分享1~2点对问题的思考和解决策略，进行适当的引导和示范，启发学员往正确的方向思考和研讨。三是请学员提问，由培训师进行解释和澄清。在学员提问的过程中，培训师也可以思考是否要适当调整问题的表述方式、焦点、范围，以确保问题更符合现场学员的工作现状和学习诉求。

7.3.2　头脑风暴

1. 步骤描述

头脑风暴起源于亚力克斯·奥斯本（Alex Osborn）于 1953 年出版的《想象力实践》一书，是一种激发集体智慧产生和提出创新设想的思维方法。在头脑风暴中，每个人都被鼓励就某一具体问题及其解决办法，各抒己见，从而产生尽可能多的观点。头脑风暴的效用在于：相对于个体的观点之和来说，群体参与能够达到更高的创造性协同水平。在共创式教学的过程中，头脑风暴是指在培训师提出问题后，小组成员在既定研讨流程和规则的指引下，充分发表观点、分享经验，并相互探讨，最终小组成员对解决问题的观点达成共识。

2. 操作方法

（1）独立思考

学员针对培训师提出的问题进行独立思考，并将个人的观点、看法、经验写下来。在此环节培训师需强调几个规则：一是小组成员之间不能交流；二是鼓励学员尽可能发散思维，将想到的所有观点均记录下来；三是将观点分条罗列，以方便阅读和后续进行观点整合。

（2）观点整合

为了让学员充分参与，发表自己的观点，并且高效地汇集团队成员的观点，建议培训师按照以下流程组织小组研讨。首先，由2~3名学员结对子，进行第一轮观点整合，由学员依次分享个人的观点，去掉重复的观点，将其余的观点进行汇总整理。其次，运用相同的原理将已经汇总的观点在小组范围内进行第二轮整合。在此环节培训师要强调头脑风暴的基本规则。例如，在观点整合的过程中，如果学员对他人的观点不理解，可以提出疑问，并请对方进行澄清，目的是塑造一种相互尊重、平等交流的氛围。只要是不重复的观点均先保留，以确保小组整合的结果覆盖了所有成员的意见。

（3）书写卡片

从实际经验来看，大多数情况下小组梳理的观点都在10条左右。培训师可根据现场分组情况和各小组的观点数量，灵活决定是否增加小组聚焦（小组成员共同选出部分最具代表性的观点）的环节。接下来，培训师要求各小组按一定的规则将观点书写在卡纸上（一般为白色，1/2或1/4的A4纸），如"动宾结构加定语""观点要具体清晰""黑色马克笔横向书写""一张白卡纸只写一个观点""11个字以内"。在介绍完规则后，为了统一学员对规则的理解，培训师需要向学员展示2~3张事先写好的卡纸作为示范。在学员书写过程中，培训师可以到各组观察，发现问题及时指导。

7.3.3　团队列名

1. 步骤描述

培训师在"研讨墙"上，按照卡片呈现、观点分类梳理、同类观点命名的顺序，带领学员对各组的观点进行整理，最终呈现出归类明确、逻辑清晰，且所有学员共同认可的观点集合。

2．操作方法

（1）观点呈现

在这个环节，培训师邀请各小组代表依次对小组观点的卡片内容进行简要解读，并和班级所有学员确认是否理解一致。在各组呈现观点时，培训师要和所有学员确认该卡片是否与之前的卡片重复。如果重复，在征得该小组同意后可以去掉。同时，还要确认该卡片与之前的卡片是否为一类。如果是一类，则张贴在同类卡片的下方，否则继续横向排列，直至所有卡片全部张贴在研讨墙上。在所有卡片都呈现完毕后，培训师还要引导学员对呈现的结果进一步验证。验证的主要方向是：第一，是否还有一些重要的、有价值的观点被遗漏。如果有，需要进行观点的补充。第二，不同的观点之间是否存在重复、交叉、包含等情况。如果存在，需要进行适当的删减、修改和优化。

（2）观点分类

观点分类是指将研讨墙上的观点进行归类合并，原则上是 5~7 类，每类至少 2 个以上的内容，并按照归类重新调整卡片位置。分类的逻辑包括以下几种：具有先后顺序的时间逻辑，如步骤或者流程等；具有并列关系的空间逻辑，如人、机、料、法、环；根据程度不同区分的递进逻辑，如重要性高、一般、低等。至于选择哪种逻辑，需要结合现场研讨的观点以及学员实际工作中的表达习惯等因素来综合考虑。在实际操作的过程中，一开始很可能出现学员对观点分类无法达成共识的情况，此时培训师需要运用处理分歧、过程把控等引导技巧促进共识的达成。如果培训师是研讨议题的内容专家，也可以适当分享自己的专业建议。

（3）同类命名

将所有观点进行分类后，还要对每类观点进行命名。培训师通常可以向学员提出这样的问题："用什么词（组）描述这组中的所有卡片？""什么样的标题可以包括这些卡片代表的所有观点？"命名的规则与头脑风暴环节书写卡片的要求类似，如动宾结构、用黑色马克笔横向书写、写大字等。为了体现标题与观点的区分，书写命名的卡片可以换成彩色的（如粉色）。在观点命名的过程中，提醒学员再次检查观点之间是否存在重复、交叉、包含的情况，以及同类观点之间的排列顺序是否符合逻辑。

（4）二次头脑风暴

在教学时间相对充足，或者追求研讨效果精确度的情况下，培训师可以组织学员进行二次头脑风暴。具体做法是培训师要求每个小组再次对研讨成果进行全面的检核。头脑风暴的内容包括补充新观点、修订现有观点表述方式、合并或删除现有观点。各小组二次头脑风暴后的成果，再次通过小组解读、全部确认的方式纳入不同类别。

7.3.4　聚敛决策

1. 步骤描述

培训师引导学员运用点投法、分投法、2×2矩阵等聚敛方法，从重要性、有效性、可操作性、实施难度等维度对所有选项进行判断和投票，并基于投票结果筛选出那些相对较优的选项。

2．常用聚敛工具

（1）点投法

每位学员拥有一定的票数，可以选择一个维度对成果进行投票。需要注意的是，每位学员对每个选项最多只能投一票。点投法可以比较直观地对选项进行排序或筛选，比较快速、便捷。

点投法在操作中有两个关键点。

- 学员对维度定义的理解要一致。例如，培训师提出，请大家根据任务的"重要性"投票，在 10 个选项中选择重要性较高的 5 个。那么对于"重要性"可能具体的指标是：带来的业务收入最高，或者对于减少成本的效果最显著。关于维度的定义需要在投票之前由培训师带领学员达成共识。

- 根据实际情况灵活确定个人票数。根据实践经验，确定票数需要遵循三大原则：① 每人票数不超过选项数量的 50%；② 每人票数不少于类别数量；③ 每人票数是 7±2 个。例如，团队共创的结果是有 16 个有效观点，投票数可以是 5~8 个；团队共创有 36 个观点，分为 7 类，投票数可以是 7~9 个。有时为了均衡，可以要求投票点必须覆盖每个类别。

（2）分投法

每位学员有一定的票数，依据某维度对选项进行投票。与点投法不同的是，允许在一个选项上投多于一个点。例如，有 8 个投票点，学员可以分别投给 8 个选项，也可以给 A 选项 5 个点，B 选项 2 个点，C 选项 1 个点。分投法可以体现出学员对于不同选项的偏好程度。例如，在上面的例子中，如果用点投法，学员可能给 A、B、C 分别投上一个点，说明在所有选项中他觉得这三个是比较好的。而在分投法中，则可以明显地看到学员虽然对于 A、B、C 都比较认同，但对于 A 的认同度远远高于 B 和 C。因此分投法一般用于确定资源的分配，如预算、人员等。

在实际操作过程中，为了防止个别人的投票过于集中，影响整体的均衡性，可以增加一些规则，如每个选项最多投 3 票。仍然回到上面的例子中，在补充规则后，学员的投票可能变成 A 选项 3 个点，B 选项 3 个点，C 选项 2 个点。这样既能休现重要性的差异，又能兼顾均衡性。

（3）2×2 矩阵

上述两种投票法都是建立在一个维度上进行评估的。如果问题本身比较复杂，需要使用两个维度进行评估，可以用 2×2 矩阵。学员将所有选项根据两个维度分别打分，并根据打分情况放入矩阵的不同象限。一般来说，四个象限中有一个象限的选项是最优的，其他几个象限则可以视情况决定是否采用。

2×2 矩阵常见的管理咨询工具包括时间管理四象限、SWOT 矩阵、收益-难度矩阵、乔哈里视窗、波士顿矩阵等。在实际操作中，如需使用 2×2 矩阵，首先要确定矩阵的维度。此时建议培训师列举比较常见的维度（如紧急 vs 重要，收益 vs 难度等）供学员选择，但最后需要学员进行决策。如果用于企业实际任务的筛选，"收益 vs 难度"是比较常用的维度。

3. 操作方法（以投票法为例来说明）

（1）说明规则

在操作前，培训师要先向学员说明以下规则：第一，说明投票的评估维度，同时明确每位学员拥有的票数。第二，培训师要根据选择的投票工具提醒学员投票过程中的注意事项，如点投法、分投法的要点解释。第三，提醒学员要独立思考和判断。

（2）组织投票

学员在投票时，理想的状况是使用专业的投票点进行投票。这种方法操作简便，效率较高。如果条件不允许，也可以用写"正"字的方式。为了避免对学员投票行为产生方向性的干扰，一般来说，职级高的、资历深的、影响力强的学员应在其他学员后投票。

（3）统计排序

在所有学员操作后，培训师要对本环节结果进行统计，通过筛选、排序等得出结论。另外，为了使学员对本环节结果达成共识，培训师还可以与学员一起沟通、确认结论。

7.3.5　总结反馈

1. 步骤描述

培训师引导学员总结和反思整个过程中的学习体会和感悟，对共创过程进行点评，并补充自己的观点，与学员共同归纳策略要点。

2. 操作方法

（1）培训师总结

在反馈总结环节，培训师要结合个人的知识储备和实践经验，对研讨结果进行点评，发表自己的专业见解。点评的方向：一是补充新的观点。培训师可从更广阔的视角向学员提供一些创新性的解决思路或实践案例，帮助学员突破现有的思维框架，从而获得新的启发和认知。二是针对投票筛选的观点，结合自己的经验教训，向学员分享在真实工作场景中可能存在的潜在障碍、风险、误区和应对策略，帮助学员在实际工作中降低出错的概率。三是与课程内容进行关联。若研讨成果中的某些观点、策略、方法与后续的课程内容相关，培训师可提示学员在后续的课程中将详细阐述，持续激发学员的学习兴趣。

（2）学员复盘

开展一次共创式教学的时间相对较长（通常在一小时以上），在活动结束后，培训师有必要组织学员对整个研讨过程进行反思和复盘，以促进学员之间分享收获和感受，强化对研讨成果的理解，同时也是对共创式教学活动的圆满总结。

7.4　共创式教学实践案例

韦老师曾在某集团讲授为期两天的 TTM（培训培训管理者）这门课程，培训对象是集团及各子公司的所有培训管理者，共 24 人。此次培训由集团培训学院发起，目的是促进学员了解前沿、实用的培训理念、技术和工具，并对培训工作建立系统性、框架性的认知，提升培训管理运营能力。为了实现教学目标，满足组织方的需求，韦老师设计了培训需求分析、O2O 学习项目设计、内训师队伍建设与管理、学习项目运营等核心内容。在备课的过程中，韦老师觉得其中"内训师的激励"这个知识点不容易讲解，因为课程中有很多激励方法和措施来自培训师个人的经验或其他企业的实践案例，不一定符合该集团的现状，容易受到学员的挑战和否定。同时在课前调研阶段，培训负责人向韦老师反馈了在内训师激励方面的困惑，希望培训师提供一些有参考价值的方案。

对于这种没有标准答案、学员均有一定经验但缺乏有效共识的问题，韦老师想到了运用共创式教学的方式，最后取得了很好的教学效果。在课程进行到"内训师激励"这个环节时，韦老师没有滔滔不绝地继续讲授，而是通过以下五个步骤来展开教学。

1. 提出问题

韦老师将电脑调成黑屏状态后，向学员提出了一个问题："各位学员，接下来我请大家共同研讨一个话题，那就是如何激励内训师更好地参与培训工作。在研讨前，各位可以在脑海中快速回忆一下你之前都采取了哪些有效的激励措施，或者你听过的、见过的实用的激励方法……"韦老师在确认所有学员理解这个问题后，将这个研讨主题张贴在教室侧面的研讨墙上，以方便所有学员随时都能看到。

2. 头脑风暴

韦老师先请学员用 3 分钟的时间将所有能够想到的内训师激励措施写在一张空白的 A4 纸上，并提醒学员独立思考。3 分钟结束后，大部分学员都写下了 5~8 条激励措施。接下来，韦老师请学员两两结对子，相互交流彼此的观点并进行整合。在交流过程中，如果学员发现两人的观点有重复，但也存在不同，就可以将两人的观点进行整合。整合后的观点在数量和有效性上都优于个人的观点。随后，各组组长组织对本组学员汇总后的观点进行再次整合，大部分小组都产生了 10~15 条激励措施。

　　韦老师对各个小组的热情参与和输出成果进行了鼓励，同时请各小组按照规则将所有激励措施写到统一的卡片上，并通过两个卡片示例展示了措施撰写的五个规则。

3. 团队列名

　　各小组书写完卡片后，韦老师请所有学员聚集到研讨墙前，然后请各小组代表依次向所有学员分享其中的两个激励措施。在小组代表分享过程中，韦老师将所有学员确认无异议的卡片依次张贴到研讨墙上，同时征询大家的意见，对于大致属于同类的激励措施贴为一列。接着第二轮每组代表再呈现两个观点，直至各小组所有不重复的激励措施均已呈现在研讨墙上。随后，韦老师请所有学员对所有的激励措施进行检查，提出反馈意见，并对每类激励措施命名，最终形成了六大类 23 条激励措施，如图 7.1 所示。

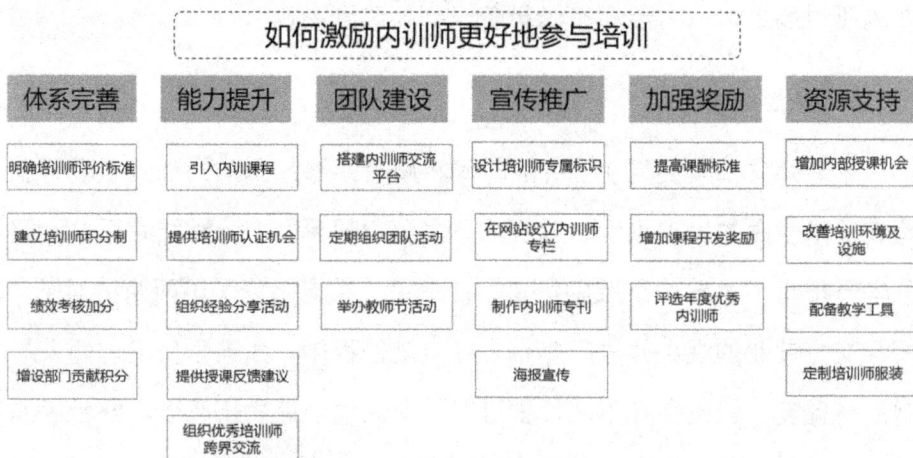

如何激励内训师更好地参与培训					
体系完善	**能力提升**	**团队建设**	**宣传推广**	**加强奖励**	**资源支持**
明确培训师评价标准	引入内训课程	搭建内训师交流平台	设计培训师专属标识	提高课酬标准	增加内部授课机会
建立培训师积分制	提供培训师认证机会	定期组织团队活动	在网站设立内训师专栏	增加课程开发奖励	改善培训环境及设施
绩效考核加分	组织经验分享活动	举办教师节活动	制作内训师专刊	评选年度优秀内训师	配备教学工具
增设部门贡献积分	提供授课反馈建议		海报宣传		定制培训师服装
	组织优秀培训师跨界交流				

图 7.1　"如何激励内训师更好地参与培训"团队列名示例

4. 聚敛决策

本班学员共 24 人，韦老师给每位学员分配了六个投票点，请学员使用点投法对所有观点进行投票。投票统计结果显示，得分在前六名的激励措施为：优秀培训师跨界交流 16 票、提高课酬标准 15 票、增设部门贡献积分 12 票、增设课程开发积分奖励 11 票、增加内部授课机会 10 票、举办教师节活动 8 票，如图 7.2 所示。

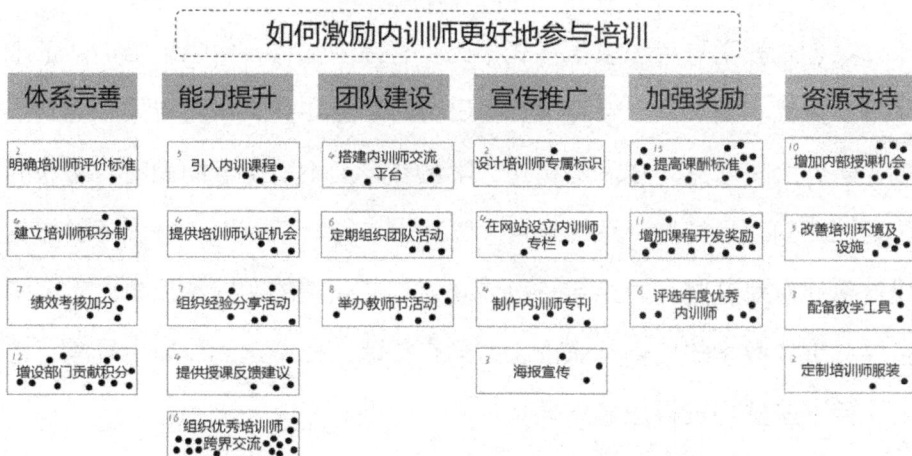

图 7.2 "如何激励内训师更好地参与培训"团队列名示例（附加投票点数）

5. 总结反馈

投票结束后，韦老师结合投票的结果请个别学员分享了"优秀培训师跨界交流""增设部门贡献积分"的具体做法和经验，以及在实施过程中常碰到的障碍。另外，韦老师对这些讨论出来的关键点，补充了国内其他优秀企业在这方面的事例，同时基于课程内容，总结了对内训师激励的一些观点和实操技巧与工具。最后，韦老师请各小组学员分别分享了参与这个环节的感悟和收获。他在巡场的过程中听到了学员如下反馈："这些措施以前我也在用，但是今天才明白如何用得更有效。""这个环节所有人都参与了，是大家共创的成果。""我回去也想马上尝试一下"……

7.5　共创式教学的常见挑战与应对

共创式教学与传统教学方式相比，有诸多优势，但也给培训师带来了不少挑战。例如，当碰到学员在研讨时发生冲突、研讨成果未达到预期、学员之间意见分歧无法调和、学员参与度不均衡等问题时，考验的是培训师的现场把控、系统整合、管理失当行为等能力，培训师要想驾轻就熟地应对这些问题绝非一日之功，需要长期的实践和反思。对于刚接触共创式教学的培训师来说，如果在授课过程中遇到了以上场景，也可采用一些技巧进行应急处理。

7.5.1　学员之间产生矛盾和冲突

在研讨过程中，个别学员之间的意见分歧如果没有得到及时处理，彼此的争论有可能掺杂负面情绪，从意见之争上升到意气之争，形成激烈的矛盾甚至冲突。此时，培训师谨记不能参与学员之间的冲突，要尽量保持中立、客观的态度，尊重所有学员的意见。为了尽量化解学员之间的冲突，培训师可以酌情考虑使用以下技巧。

- 培训师可以在必要的时候重申课堂规则："彼此尊重、平等交流。"同时，要引导冲突双方进一步阐释自己的观点和立场，从中寻找双方的一致认同的部分，实现求同存异。

- 引导其他学员参与研讨，以缓和紧张激烈的氛围。例如，培训师可以提问："针对这个问题，其他学员的观点是什么？"对于冲突双方来说，其他学员从第三方的角度提出的观点更为中立和客观，更易于理解和接受，同时给争论双方带来新的启发，促进双方共识的达成。

- 如果冲突比较激烈，快速化解的难度较大，为了避免影响其他学员的情绪，干扰课堂教学秩序，培训师可以考虑先安排课间休息。利用课间休息与冲突双方进行单独沟通，暂时搁置矛盾。

7.5.2　部分学员参与度不均衡

共创式教学强调全体学员共同参与，但在实际教学过程中，培训师可能会碰到部分学员情绪高涨、滔滔不绝，而个别学员表情冷淡、沉默不语的情况。此时，培训师可以适当应用相关技巧，激发更广泛学员的参与度。

- 在头脑风暴环节，如果某个（些）小组气氛比较沉闷，培训师可以通过提示组长接下来如何组织大家开展研讨，来鼓励其他学员积极参与。另外，培训师也可以亲自做一些动作，如提供一些例子、示范给学员做参考。如果小组内个别学员沉默，培训师可以提醒组长适当关注沉默的学员，多鼓励其发表观点，或者设定规则促进每位学员都有公平表达观点的机会，如小组成员先轮流发言，再共同讨论。

- 在团队列名环节，如果仅有少数活跃的学员进行研讨或提出反馈意见，培训师可以通过引导式提问中的"群体提问"技巧调动其他学员参与；也可以在适当环节将全班的大组研讨变为小组讨论，以增加学员参与和发言的机会。

7.5.3　学员对观点的归类列名无法达成共识

在共创式教学的团队列名环节，需要所有学员共同参与研讨。由于不同学员对观点的认知理解、观察视角存在差异，导致培训师在进行卡片呈现时常常会碰到学员对观点的归类列名无法达成共识的情况。比较常见的情形和应对策略有以下几种。

- 在进行观点呈现时，学员对卡片的归类位置产生分歧。如果在呈现的过程中，学员对卡片是否重复、是否同类产生分歧，并且通过澄清、确认、举例等方式都无法达成共识，培训师可以提示学员暂时搁置争议，在此环节以卡片提供者的意见为准。另外，培训师还要注意，为了确保各小组都有发表观点的机会，每组每次仅呈现 2~3 张卡片，循环至所有卡片呈现完毕为止。

- 在进行卡片张贴呈现时，出现观点横向排列类别过多，甚至超出研讨墙的情况。此时，在这种情况下，培训师首先不要急于干预，更不要直接给出评判和建议，否则违反了引导式培训的基本原则和理念。正确的做法是，在过程中培训师适当地提醒学员对观点进行分类，观点全部呈现完毕后，再询问学员（如"这张卡片和前面某列的观点是一类吗"），提示学员如果分类过多则难以看清，并告知分类的基本原则，如通常情况下分类数量是 5~7 类。

- 在观点梳理、命名时，学员对分类和命名无法达成一致。观点命名需要较强的总结提炼和文字表达能力，对学员来说难度较大。这个环节如果缺乏有效引导，也很容易出现学员之间争执不下、使研讨进度滞后的情况。对观点进行分类的逻辑有时间顺序、空间顺序、递进顺序等，具体采用哪种逻辑需视实际情况而定。在这个环节学员之间的争议也较大。

通常情况下，有个别思维活跃的学员会主动提出一些分类维度和结果，培训师可以基于这些意见，引导学员尝试进行归类，并在归类过程中调整优化。培训师可以采用小组形式对同类观点命名的方式以提升效率，即一组学员对 1~2 类观点先提出 2~3 个备选的标题，然后小组之间交叉反馈建议，快速进行命名决策。若确实无法达成全体学员的共识，培训师为了管控进度，也可以采取投票决定的方式，采纳多数学员的意见。

7.5.4　时间管控难度大

共创式教学的目的是更好地实现教学目标，并在过程中让学员获得良好的学习体验。评价共创式教学效果的依据，除了研讨的成果质量以及过程的流畅度，还要考虑教学节奏的把控和时间的合理安排。由于共创式教学有大量的集体研讨、交流、确认、调整等环节，这个过程往往比较耗时，会出现超时的情况，这样会影响后续的教学进度。

为了加强时间管控，培训师要事先规划好共创式教学各环节的时间分配，对整体的教学进度做到胸中有数，并且在过程中使用时间提示工具帮助自己更好地控制时间。培训师常用的时间提示工具有专业的计时器，或者是在 PPT 中插入计时小程序，也有培训师使用手机"时钟"里的"计时"功能。

另外，在引导学员开展各研讨环节时，培训师要明确告知学员该环节的时间。例如，培训师在头脑风暴环节会说"现在，我们进行个人头脑风暴，每个人将你对这个问题的理解写在卡片纸上，无须讨论，写大字，一张卡片一个观点，尽量动宾结构，时间 5 分钟"，然后打开计时器开始计时。在学员研讨过程中，培训师可适时提醒学员剩余时间，帮助学员灵活调整研讨节奏。

7.5.5　现场研讨成果的质量较差

共创式教学环节结束后，培训师发现学员研讨观点的数量、质量等方面未能实现预期的效果。例如，前文提到的"如何激励内训师更好地参与培训工作"的案例，假如学员最后研讨的成果仅有少数几条常规做法，如加工资、发课酬、提供培训，这样的研讨显然无法使学员感受到意外的收获。应该说，最终的研讨成果质量较差可能是由多方面原因造成的，培训师要根据不同的原因采取相应的对策。

- 研讨问题本身比较模糊或笼统，或表达的意思不准确，对学员产生了误导。在前文中我们已经详细阐述了问题设计的重要性，问题应符合的三个原则以及澄清确认的技巧，在此不再赘述。
- 学员对研讨主题缺乏足够的认知和经验，导致很难提供有质量的观点。针对这种状况，培训师可考虑缩小主题范围或更换主题以降低学员研讨难度；若不能对主题做任何调整，培训师可以发挥自身内容专家的角色，进行适当的干预和引导，从而激发学员的创意，拓展思考的广度和深度。例如，针对"内训师激励"的话题，培训师可分享一些创新实用的方法，帮助学员突破思维局限，迸发出更多观点。

- 讨论过程不够深入，导致成果流于表面。一是提前预判，在培训中人数较多，可以通过 2~3 个小组分别进行竞赛的方式来进行研讨，研讨成果进行组与组的交叉验证，这种方法会对成果的数量和质量都有较大的提升。二是结果出来后，可以通过进行二次头脑风暴的形式进行观点的补充，在之前成果的启发下，尤其是已经有了清晰的类别参考，如果继续讨论，一般会有较多新的成果产生。

第 8 章

焦点研讨法

8.1 导入案例

在本章内容开始前，先来看一段父亲和女儿的日常对话。

> 女儿："我讨厌我们新来的英语老师。"
>
> 爸爸："宝贝，什么事让你不高兴了？"
>
> 女儿："爸爸，下次上英语课我再也不发言了！"
>
> 爸爸："前几天听说这学期你们换了新的英语老师，来，和爸爸说说发生什么了。"
>
> 女儿："好几次上英语课时，老师提问，我举手了，她都没让我回答。每个问题我都知道答案的，她提问了好几个小朋友结果都回答错了。"
>
> 爸爸："我要是每次举手但都没机会回答，我也不高兴。老师提问的时候班上举手的小朋友多吗？"
>
> 女儿："有时候几个人，有时候有十几二十个吧。"
>
> 爸爸："你每次举手是最高、最快的那个吗？"
>
> 女儿："不知道，反正我举手了。"（有点羞涩，不好意思了。）
>
> 爸爸："宝贝，举手回答问题，说明你学习很积极主动，但老师没让你回答问题的原因可能是什么呢？"
>
> 女儿："可能是人多吧，她没看到我。或者……"

> 爸爸："老师上课需要照顾到全班学生，你还是班长呢。那下次上课，老师提问了，你怎么办更好呢？"
>
> 女儿："我会和小朋友们一起举手，并且我要比以前举得更高、更快。"
>
> 爸爸："孩子真聪明……"

真是一个厉害的家长，通过几个问题加几句引导，就让女儿调整了情绪。仔细看看对话中爸爸的前六句话，有没有发现他的提问套路？归纳起来，这位爸爸在对话中问了女儿四类问题，即事实类问题（发生了什么，多少人举手）、感受类问题（什么让你不高兴了）、诠释类问题（原因是什么）、行动计划类问题（下次怎么办），这四类问题的基础理论就是本章和大家分享的主题：焦点研讨法（ORID）。

8.2 认识 ORID[①]

关于 ORID 的研究，最早可追溯到一位叫约瑟夫·马修（Joseph Mathews）的大学老师。他的一个研究方向是如何帮助人们从过往的经历寻找内在的意义。在研究过程中，欧洲哲学思想"自我本质上是一系列关系，它通过观察和内在的反应创造洞见，并由此做出最后的决定"，给了马修很大启发，他后来提出名为"艺术形态的对话"讨论形式。再

---

① 本节部分内容参考了《学问》（布莱恩·斯坦菲尔德主编，电子工业出版社，2016年）。

后来，美国团队文化建导组织（Institute for Cultural Affairs，ICA）开发并推行了 ORID。

现在，ORID 这种方法被用于各种形态的研讨中，如一次父母与子女的对谈、一场课程培训的互动研讨、一次企业战略落地的讨论会等。

8.2.1　什么是 ORID

ORID，即焦点研讨法（Focused Conversation Method），是由事实（Objective）、感受（Reflective）、诠释（Interpretive）、行动（Decisional）四个单词的首字母拼接而成的。它是一种反思对话的结构模式，引导者通过一系列问题，引导大家从事实、感受、诠释、行动四个层次由表及里，深入对话。

它包含四个层次。

- 事实层面。指的是人们用眼睛看到的、鼻子闻到的、耳朵听到的、身体触碰到的这类客观信息。

- 感受层面。主要指对于客观信息出现的反应和内在的感受，这些反应和感受主要指积极情绪和消极情绪两类。

- 诠释层面。这一层面关注的是"意义"，是大脑对于客观事实和内在感受进行的理性分析，诠释后的结论因为每个人的经历、个性、信念、价值观的不一样而产生了绝对的差异。

- 行动层面。基于深度思考，找出未来的行动。展现的形式可以是承诺、决心、决定、共识的办法或详细的行动计划。

这四个层次，形成一个完整的模式，任何对话均可以基于这四个层次展开。

8.2.2　ORID 的优势与价值

1．应用极其广泛

ORID 适用于各行各业所有经常需要与他人沟通的人士。尤其是以下这些典型角色：

- 管理者，与下属进行对话时，通过 ORID 帮助其认识自我，改善行为，改进绩效。
- 咨询顾问，通过一对一的对话，为客户理清现状，分析原因，找到行动计划。
- 培训师，让听众参与讨论，或回顾以前的会议或课程所涵盖的内容。

2．符合通常思考模式

它提供了一个简单有用的模式，让一群人聚焦于某个主题展开对话。一般来说，人们正常的思维顺序是首先受到外部的某种刺激，然后对这种刺激形成主观的反应和感受，进而思考并得出结论，最后决定并指导未来的行为。ORID 的四个层次遵循人类对外部刺激做出反应时自然使用的思维顺序，易于使用。

3．更客观地思考问题

ORID 也是团队反思工具。由于每个人的思考和视角都不可避免地带有个人局限性，在遇到问题时难免带有主观色彩。借助讨论，团队对某一具体事务或问题进行集体思考，容易形成对整个事物的客观、多角度的认知。运用团队的力量，让每个人对问题的观察更全面、理解更深刻，也能让整个团队就下一步行动达成共识。

4. 提升思考的深度

当人们遇到外界刺激时，情绪会同步做出反应，大脑会进行很多思考，并倾向于快速行动以解决问题，但这往往都是情绪控制下习惯性的反应。因此，如果能够仔细思考外部刺激和行动之间的关系，绝大多数的错误都能避免。ORID 正好能够将无序的、碎片化的个人思考转变为结构化的反思洞见，将个人的反思洞见转变为能与人分享的体系化的思索成果的思考工具。

8.3 | ORID 在培训中的应用

ORID 符合自然思考模式，通过集体反思，提高了思考的客观性，也提升了个人思考的深度。ORID 在培训中有如下作用。

1. 激发思考

每个人都可以对共同经历的事物进行解读，思想的碰撞能形成良性的论辩，有助于学员多角度思考，提升对事物的理解能力。同时，通过互动分享、彼此学习，深入理解彼此的关注点，提升思考的广度和深度。

2. 强化记忆

所有的思考按照"输入—理解—输出"的顺序进行，在培训中通过彼此对事实的分享和研讨，便于回顾和记忆更多的细节进而加深理解。再加上对事实进行大量讨论和分析，将外部信息内化为个人自己的知识，最终达到增强学员记忆的目的。

3. 快速转化课程知识点

将课堂知识点与行动联系在一起，通过思考个人如何行动，实现知识点的快速转化，从而实现学以致用、知行合一。

ORID 在培训中是如何发挥这些作用的呢？在引导式培训中，通常将 ORID 应用于以下三种场景中：通过 ORID 提高提问技巧，提升互动质量；通过 ORID 设计案例问题，提高案例教学的质量；通过 ORID 引导学员总结和反思，提高课堂学习的转化率。

8.3.1 ORID 在提问互动中的应用

作为一个提问互动工具 ORID 的独特价值在于，一是提供了四种不同类型的提问方式，丰富培训师的提问维度，即事实类问题、感受类问题、诠释类问题、行动类问题。二是提供了提问的逻辑框架，可以作为提问设计的逻辑依据。

1. ORID 提问法的四类问题

（1）事实类问题

这类问题一般会和感官相关联，常来源于看到、听到、闻到、尝到等的信息。事实类问题通常比较简单，提问此类问题的主要目的是获取信息，澄清事实，厘清现状。其核心问题是："关于这个主题或内容，你们知道些什么？"在培训访谈中，为了快速搞清楚业务状况和培训需求，事实类问题占的比重较大。例如，"请你介绍下目前部门的架构与人员情况。""你之前参加过什么培训？""你的工作职责主要有哪些？"

在课堂培训中，事实类问题也很常见。例如，培训师播放完一段视频后提问："在刚刚的视频中，你看到和听到了什么？"培训师示范某个操作工具结束后提问："刚才老师做了什么？"目的是澄清基本事实。有时培训师需要联系之前的知识，也会问："我们在上一章讲到的重点是什么？"

（2）感受类问题

这类问题研究的是感受、心情等主观感知。心理学认为，任何人对五官获取的信息都会有自己的感知，它没有对错之分。这类问题的根本是要建立参与者内心与主题之间的联系。典型问题是："这些事实给我们带来了什么感受？""这让你联想到了什么？"在课程开始的导入环节，培训师分享完与主题相关的故事时，"这则故事让你回想起了什么"便将学员的经历与课程建立了关联。互动答疑时，提问："今天讲解的内容哪部分比较困惑？""假如你是那位客户，你遇到这样的处理方式你的感受会怎样？"以内在的真实感受与内容之间产生深度的关联。

（3）诠释类问题

这类问题关注的是深层次的意义与价值。通过事实和内在感受的铺设，获得洞见。它的目的是发掘研讨主题对参与者、组织的意义与价值。本质问题是："这对你、我或我们的组织有什么意义？"培训中征求学员对某个事件的看法时，"你自己是如何理解这一现象的"，探究事件对个人的影响。针对重要内容或关键知识点需要检验学员的理解程度时，"你能否从刚才的内容中挑选出最有感想的一条，并用自己的话说一下它对你的启发吗"，用来考察学员对知识的理解程度。研讨过程中，为了帮助学员浮现更多假设，"这对我们来说意味着什么"等问题能有效开拓学员的思维。

（4）行动类问题

这类问题关注未来，讨论未来可能的行动与方向，时间或短或长。其核心问题是："接下来我们要做什么？"在培训中，行动类问题非常重要，尤其是希望将课堂所学知识、技能与实际工作紧密结合时。在课程总结时，可以提出问题："在接下来的三个月内，你将如何应用这些知识？"在某个单一教学研讨活动结束前，通过问题"你们的结论是什么"确定小组是否达成了共识。

通过表 8.1 可以看到四类问题的主要目的，以及培训中的常见问题示例。

表 8.1　四类问题示例

问题类型	问题的主要目的	常见问题示例
事实类问题	获取信息、澄清事实、厘清现状	• 你看到和听到了什么？ • 刚才老师做了什么？ • 上一环节，我们说了什么？
感受类问题	将参与者内心与主题之间建立联系	• 这则故事让你回想起了什么？ • 今天讲解的内容哪部分比较困惑？ • 客户当时的情绪是怎样的？
诠释类问题	发掘讨论主题对参与者或组织的意义与价值	• 你自己是如何理解这一现象的？ • 它对你有什么启发？ • 这对我们来说意味着什么？
行动类问题	未来可能的行动与方向	• 接下来将如何应用这些知识？ • 你们的决定是什么？ • 我们要做什么？

从培训效果角度出发，引导式培训师更关注诠释类问题和行动类问

题，但由于成人学习的特点和教学设计的需要，在引导式培训中，事实类问题和感受类问题也很重要，可以帮助学员在客观信息的基础上，关注内在的感受。

2. ORID 提问法的使用要点

（1）四类问题的特点

- 开放式问题。四类问题均是开放式问题，也就是说，ORID 提问法主要作用是打开话题、启发思考以及鼓励参与等。这四类问题多用于小组研讨、连续追问、迁移转化的提问中。

- 目的明确。每类问题能达到什么效果、实现什么目的，非常明确。培训师要根据所要实现的教学效果，设计并提出相应类型的问题。四类问题也可以组合起来应用，循序渐进，找到最终答案。

- 顺序原则。培训师在课堂上提问通常要遵循"先易后难"的原则，而 O、R、I、D 这四类问题就是按照由表及里、层层深入的顺序逐步展开的。

（2）使用时的注意事项

- 由于事实类问题过于简单，往往容易被忽略。其实，在小组或全班研讨过程中，经常出现研讨偏离主题的情形，这很可能就是由于一开始没有通过事实类问题让所有人对讨论的内容形成客观的认识。另外，培训师在回答学员提问时也常常通过事实类问题不断澄清现状，为更准确的回答提供依据。

- 感受类问题刺激的是主观感受，每个人的主观感受差异较大。同时，由于部分参与者是感受旺盛型的人，一旦没有获得分享感受的机会，在后续研讨中容易出现沉闷或沉默等失当行为。在时间允许的情况下，要尽量尊重参与者表达内在的感受，这也是引导式培训师尊重学员的有力表现。

- 前面提到过培训师、咨询师更强调诠释类问题的使用。但如果没有事实类或感受类问题作为铺垫，单一的诠释类问题的威力将大打折扣。因此，在培训中这四类问题可以组合使用。例如，"回想一下过往那些令你沮丧的授课经历，从中肯定能发现一些明显的不足。为了尽快提升自己的授课技能，在接下来的一个月内你将采取哪些行动"，这是一个图景式问题，它就是将感受类和行动类问题进行了组合，使得问题更有力量。

- 使用决定类问题时，培训师要尽量留出充分的时间让小组对接下来的行动达成共识，否则会影响后续行动的执行。

8.3.2　ORID 在案例教学中的应用

在案例教学中，案例不仅能传递理论知识，帮助理解技能使用要点；还是带动学员思考讨论分析的重要工具，能大大缩短教学情境与实际工作场景的差距。

一般来说，课堂中的案例内容可以是一段文字或一段视频，在阅读或观看案例材料后，针对一系列问题展开讨论。但传统课堂中设计的问题常常是"看完这个案例你有什么感受""你觉得这种做法对不对""这个案例对我们有什么启发"等，这类假大空的问题很难引导学员积极思考、发现问题，导致案例教学的作用收效甚微。**ORID** 作为一种焦点研讨逻辑，能改变案例中的问题模式，帮助案例教学发挥更深的作用。

1. 案例的问题设计

案例教学的目的之一是让学员通过案例场景与实际工作场景的结合，学会发现问题并解决问题。所以，案例教学中问题的设计非常重要。培训师在授课准备时，可以参考 ORID 的问题类型来设计案例教学环节的问题。基于多年教学实践，常用的案例讨论问题如下。

事实类问题：为了解决问题，案例主人公采取了哪些措施？

此案例发生的背景是什么？

感受类问题：在阅读案例的过程中，你的内心有哪些变化？

案例主人公的哪些做法让你印象深刻？

诠释类问题：结合案例的背景和采取的措施，你认为导致失败的根本原因是什么？

结合案例内容，你认为成功处理投诉的关键是什么？

行动类问题：假如你遇到类似的情形，你将采取哪些措施？

接下来你的改进或优化策略是什么？

2. 案例问题设计的注意要点

- 案例教学环节的问题数量不宜过多，一般建议 2~3 个。如果是单个问题，为了实现发现问题根源的教学目标，最好设计成诠释类问题。如果问题数量较多，可先问事实类问题，再问诠释类问题，最后问行动类问题。由于感受类问题强调探寻内在的主观感受，因此一般在投诉处理等案例中可适当设计，其他类型的案例酌情考虑。

- 诠释类问题的难点在于，如何通过一个思考型的问题从案例主人公迁移到学员自身。常用的方法有，一是角色转化，以"假如你是……"开头，让学员站在案例中人物的立场和角度思考问题。二是采用场景外延的方式，将学员带入相似的情境中思考。以"如果面临以下情况……"开头的问题，营造一种场景感。

- 行动类问题的难点在于，如何让问题引导学员写出具体的行动计划。提问时要先描述一个目的性的场景，再问行动类问题。例如，"为了在短时间内让自己的授课技能有突破性的提升，在接下来的一个月内你将做什么？"实践证明，这样提问后学员的回答变得较为具体。

- 由于案例教学本身具有场景化的特点，因此在设计四类问题时尽量具体，尝试使用"场景化的描述+问题"的形式，既具启发性，又具引导性。

3. 应用案例分享

> 　　张老师要给某企业的营销人员讲授"人际沟通技巧之说服他人"这门课程。为了让学员掌握说服他人的三个要素这一知识点，张老师选取了《甄嬛传》中雍正说服果郡王迎娶孟静娴的片段，视频时长约为5分钟。张老师提前设计了以下四个问题：
>
> 　　（1）"在刚才这个视频中，你听到雍正在进入正题前说了哪些话？"
>
> 　　（2）"在观看视频时，让你感觉最有压力的是什么？"
>
> 　　（3）"回顾雍正成功说服果郡王的全过程，你得到了哪些启发？"

（4）"如果你是雍正，你会采取什么策略说服果郡王？"

当课堂进行到视频案例环节时，张老师说："现在我们一起来观看一段视频，这段视频选自《甄嬛传》雍正与果郡王的一段对谈。在观看视频的同时，请大家思考以下四个问题。"投影中投出了这四个问题，待学员看完后，张老师开始播放视频。

5 分钟结束后，张老师开始组织小组学员展开讨论，并提出了具体的规则：讨论时间为 10 分钟，每组有一位记录员，将小组讨论的答案记录在大白纸上，答案要尽量具体，讨论结束后小组选派一名代表进行全班分享。各小组开始讨论后，张老师在全班巡场。在此过程中，他发现很多学员关于问题 3 的理解不太到位，得出的答案偏离了课程主题，于是他重新解读了问题 3 的内容，并和学员进行了确认。

由于各组的研讨答案非常丰富，张老师便采用自愿分享的原则，有三个小组将小组答案进行了全班分享。每个小组分享时，张老师重点就问题 3 的答案进行了补充与说明。经过三个小组的分享，基本得出了说服他人的三个要点，张老师肯定了学员的答案，并针对学员答案给出了自己的解读和延伸。

此案例中张老师设计了四个问题，引导式培训师可根据课程的时间、教学目标等限制性因素设计问题的数量，但基本上一般的案例教学都会涉及诠释类问题。围绕诠释类问题，前面可以适时加入事实类问题和感受类问题，后面也可以加入行动类问题，帮助思考落地。此外，在实际应用时，学员常常对诠释类问题的思考不到位或不深入，作为引导式培训师要在巡场过程中注意聆听学员关于这部分的研讨，适时加以引导，实现案例教学的目的。

8.3.3　ORID 在总结反思中的应用

总结反思是在课程单元模块或整体课程结束后为了帮助学员加深记忆和理解而采取的教学手段。传统培训教学基本是通过培训师提问、学员回答或培训师复述的方法进行总结的，有一定的效果，但更多的是对课程内容本身的复述，缺乏对学员未来行动的指导；运用 ORID，可以帮助学员将课程内容与实际行动联系在一起，实现快速转化。

1. 课程总结反思的逻辑设计

总结反思的目的是回顾重点，指导未来行动。如何让课程总结这个教学活动带动学员思考得更加全面、深入？ORID 帮助培训师形成了一套总结反思的逻辑。

人对于信息具有选择性记忆，因此总结反思的第一步是尽可能多地浮现出客观、事实信息；在充分呈现所学内容的基础上，通过"你印象最深刻的内容是什么"类似问题，以直观感受聚焦关键内容，关注真正对自己有用的内容；接下来，思考"为什么印象深刻的是这部分内容""这些内容让你联想到了过往的哪些经历"，思考内容背后的意义；最后，在赋予意义的基础上，制订计划，做出改变，实现培训内容的转化。

基于图 8.1 的思考框架，课程总结反思时的思路可设计为：

- 回顾两天的课程，你看到、听到的内容都有什么？

- 在这些内容中，令你印象最深刻的是什么？

- 这些内容对你的启发是什么？

- 由此你未来的行动是什么？

图 8.1　课程总结反思的思考框架

2. 课程总结反思的注意要点

将 ORID 用于课程总结反思时，有以下注意要点：

- 在理想状态下，事实类问题基本可以设计 1~2 个，让学员尽可能全面地回顾客观知识，一般表现为发散性问题，问题本身的外延较大。感受类问题可以设计两个：一个是正面的心理状态，另一个是负面的心理状态，让学员充分发表真实感受。诠释类问题一般是一个基本问题再加上几个解释性启发性问题。因为诠释类问题是思考进入深入阶段、得出相关成果的部分，所以要让学员进行深入而充分的思考。行动类问题一般是一个问题，但其背后隐含了五个问题："我们的决定是什么？这些决定的可执行性如何？什么时候完成到什么程度？具体负责人是哪些人？如果完成不了如何处理？"行动类问题要帮助形成可执行的落地计划。在实际使用时，至少应该按照 O—R—I—D 的顺序各准备一个问题。

每类问题确定后，再考虑提问的次序，让每个问题符合思考的连续性、深入性。

- 培训师要做出示范。课程总结反思中只是借用了 ORID 的工具，学员对于 ORID 的理解可能没有那么准确。为了达到反思的效果，培训师可以通过个人回答或与学员结对子的方式，向全体学员说明如何应用。

- 当学员人数较少时，培训师可以组织学员在全班逐一分享；当学员人数较多时，可以让学员自己先写在卡片纸上，在通过两两结对子的方式进行分享，最后将所有人的卡片张贴到"学习与反思"海报纸上。学员可以互相阅读或培训师从中选出有特点的卡片在全班分享并点评。

- 提前绘制一张"学习与反思"海报，让学员将自己对课程的观察、感受、理解和行动用便利贴的形式贴在海报上。这样做的好处是，一方面借用海报可以帮助学员理解，另一方面学员的成果更加生动，学员的成就感更高。示例如图 8.2 所示。

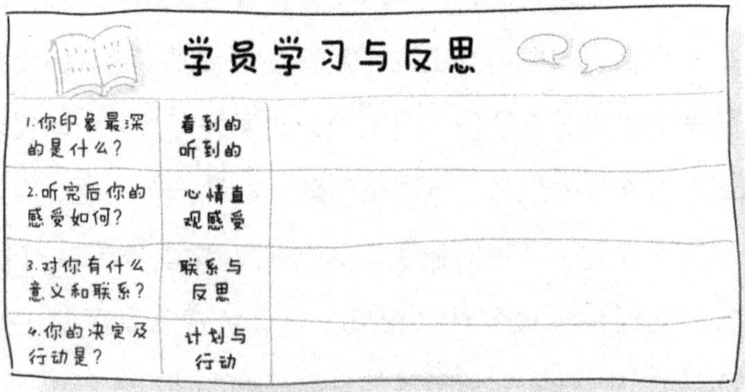

图 8.2　"学员学习与反思"海报示例

3. 应用案例分享

李老师为某通信企业的中层管理者讲授"中层管理者的十项技能"这门课程，两天的培训内容让 30 多位中层管理者感触颇多，甚至颠覆了他们的很多管理做法。为了让中层管理者在课程结束后做出更彻底的改变，李老师便设计了课程复盘这一环节。

首先李老师向所有学员介绍了 ORID 这一工具，分别讲解了 O、R、I、D 是什么，列举了一些答案作为示例，并强调了它的作用。接着，李老师邀请一位自愿者上台和自己组成学习伙伴。李老师分别问："请你回顾一下，这两天时间里都学习了哪些课程内容？""在这些内容中，对你最有触动的是什么？""这些印象深刻的内容给你的启发是什么？""接下来的一个月内，你将如何实践这些内容？"自愿者逐一回答。示范完后，李老师开始布置任务：每个小组成员走出本组，在其他小组找到一位学习伙伴，然后两两分享。一人分享时，另一位同学可以简单记录他的分享内容。对于行动类问题要尽量具体，如具体时间、计划内容等。分享时间为 5 分钟。然后全班开始两两分享。

当两两分享结束后，李老师组织所有学员将自己的反思结果写在四张卡片上，在每张卡片的左上角分别写上 O、R、I、D，对应的是自己的内容。时间 2 分钟。写完后，将卡片内容张贴在海报纸上。所有学员张贴完毕后，李老师从中挑出了四

> 张反思很深刻、行动计划很具体的卡片与全班进行了分享，课
> 程结束。在场的中层管理者带着要实践改变的心情回到了工作
> 中。

在此案例中，李老师采用现场分享的形式完成了全体学员的总结反思。培训师也可以设计行动计划表，由学员在最后填写完成，并在规定时间内汇报计划的落实情况，让总结反思的作用发挥到最大。

8.4 ORID 应用中的常见挑战

培训师在使用 ORID 工具时，常常因为对 ORID 的理解不到位，导致用错工具。更困难的是，由于引导师实战经验不丰富，对四类问题的提问顺序、作用、答案等难以把握，导致在培训过程中应用效果不佳。

8.4.1 事实类、感受类问题的顺序问题

ORID 的内在遵循一定的逻辑顺序。原因是它有一条基本假设：所有的感受和情绪都是从客观事实中产生的。基于这样的假设，理论上要先问事实类问题，再问感受类问题。但在实践中发现，在有些对话中人们愿意先表达感受而非事实，此时可以以感受类问题作为谈话的切入口，再开始按照事实类问题—感受类问题的顺序进行对话，此时第二个感受类问题才是真正在发挥作用。

8.4.2 诠释类问题的作用不显著

对于引导式培训而言，诠释类问题尤其重要，因为它是引导学员进行深度思考、挖掘本质的关键性问题。但在实际应用中，可能由于随意提出了一些抽象问题，如"你觉得它的本质是什么"，导致学员无从回答。因此，培训师在设计诠释类问题时，一方面要尽量具体，另一方面要判断学员可能的答案是什么，由此检验是否能达到预期的目的，从而根据可能的答案不断优化问题的设计。

8.4.3 行动类问题的回答流于形式

在课程总结反思时，常常发现学员写出的行动计划过于空泛，难以指导实际。笔者在长期实践中总结出以下技巧：首先，在提出行动类问题时，先描绘一幅未来理想中期待的画面，让学员进入对未来的憧憬中。其次，提醒学员制订的行动计划要尽量符合 SMART 原则，必要时给出示范。例如，一开始写的行动计划是"我要提升自己的演讲能力"，根据 SMART 原则可修改为"为了克服自己在公众演讲时怯场的问题，我会在接下来的一个月里运用课程中的演讲五技巧，在公开场合至少演讲三次"。

通过理想的描述和 SMART 原则的示范，学员可以细化行动计划，做到具体并可实施。

第 9 章

引导式关闭总结

9.1 关闭总结的重要性

> "……以上内容就是我给大家带来的最后一个模块，由于时间关系，今天的课程就到此结束，希望大家回去能好好消化今天的知识，再见。"

这样的课程结尾是否熟悉？大家的学习生涯可能就是一直伴随着这样的课程度过的：没有总结，没有回顾，没有反思，课程的内容总是戛然而止……也许很多人觉得："这样的课程很正常。""老师只需要将课程内容完整呈现出来就可以了，其他的不重要。""总结只是一个形式，可有可无。"……然而事实证明，这些观点已经过时。一个良好的课程关闭总结给学员带来的远不仅是知识内容的再次呈现，还会影响课程整体的学习效果。

接下来将同大家一起探讨关闭总结的作用，以及如何进行一个有效的关闭总结。

9.1.1 深化记忆

在这一点上不需要过多赘述，大家在学习过程中也有过很多实际感受。例如，学习一个系统操作的七个步骤——如何进入界面、如何进行逐步的点击输入、如何提交确认等，当学员花费了几小时的时间终于尝试完成一遍操作之后，很可能初始的几步就不记得如何操作了，这时培训师就要带领大家重温一遍大致的流程。

对艾宾浩斯遗忘曲线大家都不会陌生，它表明记忆在短时间内的遗忘速度是最快的。因此在深化记忆这一点上，特别是授课时间较长的课程或模块，在结束时一定要帮助学员进行一次总结回顾。

关闭总结的环节并不局限于课程结尾的部分，一名优秀培训师应当做到至少以下两点。

1. 定时总结

如果课程大于等于一天，请在每半天课程结束时进行一次关闭总结。同时在下一个半天课程开始之前，带领学员进行已学知识的简单回顾。

2. 定点总结

当课程讲到核心重点，或出现了相对比较晦涩难懂、对学员有挑战的知识点时，也应在讲述完毕后进行适当的回顾。

如果培训师做到了以上两点，说明授课效果已经有了一定的保证。但是仅利用重复记忆会消耗大量时间，而且效果有限。那么，还有哪些提高总结成效的方法呢？

9.1.2 联系归纳

学习永远不会是一个死记硬背的过程，人的大脑需要的是理解和记忆。然而理解只是记忆的第一步，如果无法将内容很好地归纳到自己原有的知识体系中，大脑就会容易将这些理解后的信息快速遗忘。

所以在此得出的结论是，记忆除了重复之外，还要逻辑的支撑。如果培训师能够在课程的开始和结尾，分别对本次培训的内容进行逻辑的提炼阐述，就可以帮助学员有效地将一节课的知识点纳入自身的逻辑体系，增强知识的固着性。

9.1.3　问题反刍

问题反刍，顾名思义，就是学员通过对知识的二次思考，联想发现新问题。可能有些培训师会疑惑："短短的几分钟，学员怎么可能通过课程总结联想发散出实际问题？"答案是：在关闭总结的环节，如果可以利用提问、讨论等调动学员积极思考的教学方式，就可以达到这个目的。因此保证学员之间思维的碰撞是必要的。

9.2 ┃ 什么是好的关闭总结

在了解关闭总结的作用后，就要明确如何总结才能是有效的。在明晰有效总结的特征前，首先总结课堂上常用但效果有限的那些总结方式。

9.2.1　常用低效总结方式

在说什么样的总结是好的总结之前，先来看看哪些总结是相对低效甚至基本无效的，这种"走场面"式的总结在今后的培训课堂上应尽量少用。

1. 经典陈述式

> "同学们，今天我们一共讲述了沟通中的三类，分别是向上沟通、向下沟通和平级沟通。那么在向上沟通中，我们又提出了向上沟通的五大原则，它们分别是：一、……二、……三……"

这种陈述式的总结方式前文也有提到，它可能是日常授课或听课中接触较多的一类总结方式。其最大的不足就在于，无法带动学员思考，甚至在培训师总结的过程中，学员的注意力都已经远离课堂。这样的总结效果，无非就是带着学员走马观花。

2. 虚假提问式

在行动学习和引导技术中，"如何有效提问"永远是一个值得探讨且研究的话题。"这个问题有没有价值？""提问的目的性是否足够明确？""学员是否通过该问题真正思考了？"这些问题不仅仅发生在新人培训师上，很多从业多年的培训师也难以肯定地回答这些问题。

大家都知道上课需要和学员互动，也知道互动最简单的方式是提问，但是在关闭总结环节的提问中应当尽量避免如下情况。

> （1）"今天带给大家的管理七步法，大家说重要不重要？"
>
> （2）"大家还记不记得曾经提到的向上管理一共有几个原则？"

很明显，以上两个问题对于学员回顾总结课程知识帮助甚微。因为"重不重要"和"几个"不是学员必须重点记忆的知识点，也不会在培训后产生任何实质作用。

9.2.2　高效总结的三个特征

那么，一个好的总结应该是什么样的呢？通常情况下，一般应当具备主动输出、双脑链接、全员参与这几个特点。

1. 主动输出

培训中经常听到一句话，叫作"老师嘴里的答案，往往不及学员自己思考说出来的有效"。在记忆的过程中，很多时候大家都认为自己已经大致了解的知识，却在需要使用时难以精准地回忆细节。对培训师而言也就意味着，即使学员一直在认真听课、做笔记，在课程结尾也由培训师进行了知识的总结串讲，但他们也未必真的掌握了核心内容。

这时需要的是培训师对学员的强制提问，通过迫使学员对知识点内容及细节的回忆，找出未掌握的内容，帮助他们查漏补缺。

所以尝试对虚假提问式中的第一个问题进行优化：

> （1）"今天带给大家的管理七步法，大家是否还记得是哪七步？现在请第三组的七位同学从组长开始，顺时针依次作答。"

在有效记忆知识本体的基础上，培训师还要让学员延展性地思考该知识点在实际中的应用。类似于我们指导学员在编写教学案例时常常提到的注意点之一——"场景化"。场景构建不仅可以使学员快速融入真实情景中，还可以帮助学员将抽象的事物具象化，而这两点的最终目的无非是——帮助理解与加深记忆。

"是什么？为什么？什么情况下？如何使用？可能会出现什么问题？如何解决及避免？"这些都是课堂中常用的启迪发散性提问。这都要求在培训过程中学员要主动思考，主动输出知识内容及经验。首先引导学员进行场景构建，然后让其身临场景中思考问题，这样得到的回答往往质量会更高，学员会更容易对知识点与知识点之间、知识点与应用方法之间产生联系，同时更易预估实操中可能遇到的问题。

所以可以尝试对假提问式中的第二个问题进行优化：

（2）"哪位学员能回答一下向上沟通的五个原则具体是什么，并针对其中任意一个原则，举出一个你可以在工作中应用的例子。"

2. 双脑思维

最近在培训界比较流行的词汇之一便是"双脑学习"。近几年开始在国内兴起的视觉引导、视觉记录秉承了双脑学习的观点，认为左右脑结合进行知识吸收会达到更好的学习效果。在这里要说的是，就人类的记忆来说，对感性的记忆会比对理性的记忆相对容易且持久。利用这一点，我们发现在总结回顾的过程中，利用感受分享、视觉呈现等双脑参与的方式，会得到更好的效果。

3．全员参与

在第 6 章我们已经提到过，相较于个体提问而言，培训师在课程中更应保证适量的群体提问，以确保大部分学员一直跟着培训师的教学思路进行。关闭总结也同样，为了保证本环节的回顾效果，活动应当是全员参与或者全员都保持积极思考的状态。例如，最简单的问答式总结（由培训师提问，学员抢答）就是一个最基本的全员参与形式，每个人都有机会作答，每个人都处于对问题的思考中。

如果刚才的培训在总结环节中采用了"每个小组事先选出一位代表进行答题"的形式，效果如何呢？全班中那些没被选中的学员可能就会产生"反正我不用答题，跟我没有关系"的想法，培训师精心准备的问题便难以有效地激发大家的思考了。

9.3　引导式关闭总结的常用方法

讲述了高效总结应具备的特征后，接下来将向大家介绍五种在引导式培训中常用的总结方法及其适用场景，分别为走墙式总结、关键学习点、闭场圈分享、压迫式提问、大冒险式总结。

9.3.1　走墙式总结

1. 什么是走墙式总结

如果培训师的课程已经配置了一套教学海报，并且海报已经把课程中的重要知识点全部都涵盖了，那么就可以尝试在课程中利用海报使用走墙式总结。走墙式总结就是将课程已讲的重点内容，通过悬挂张贴的海报，再次讲授给学员。

走墙式总结可以用于课程收结，也可用于半天的开篇回顾（如一天的课程可用于下半天的开场，两天的课程可以用于第二天早上的开场）。

若要检验一个知识点学员是否已经掌握，最好的办法就是考察他是否能够向其他学员讲授清楚。因此，如果你的课程内容需要重点巩固，走墙式总结还可由培训师讲授回顾变为学员讲授回顾，而后者也是本节提到的五种总结效果中对学员刺激度最高的，即让学员对课程内容记忆效果最好的。

2. 走墙式总结的操作流程

① 顺序张贴，系统讲解。培训师提前规划回顾内容，并将海报按照课程知识点的讲授顺序，依次张贴，张贴处尽量有足够空场可供学员临时集中。召集全部学员集中在海报前，围成半圆。培训师（或由培训师进行志愿者征集，选出每张海报主讲学员）进行海报讲解，过程中可使用提问、演示等方法辅助讲解效果。

② 互动补充，点评反馈（学员主讲情况下）。学员讲授完毕后由培训师带领表示感谢，询问全体学员是否有补充或需订正内容，之后由培训师进行整体反馈收结。

3. 走墙式总结的应用注意事项

- 海报准备。课程海报尽量在课程讲授过程中及时悬挂出来，让学员提前熟悉理解。要求课程海报呈现的内容尽量不要太过详细，避免出现学员只念不讲的情况，减弱回顾总结的效果。

- 流程把控。当走墙式总结为学员讲授时，需要注意总体时间。学员讲授时，本环节的时间普遍会相对较长（如果存在六张以上海报需要讲解，请至少预留出一小时进行本环节），且培训师需预留出至少 5 分钟给学员提前准备自己讲授内容的时间。

9.3.2 关键学习点

1. 什么是关键学习点

关键学习点，即让学员分享在本节（本章、本模块、本培训等）中印象最深刻或实用性最强的知识内容，并阐述其与个人实际工作的衔接点及应用点，促进培训内容落地及学员应用计划的制订。

2. 关键学习点的操作流程

① 培训师阐述分享规则，制定分享次序，并通过演示给出正确分享范例。次序为学员自主举手回答，或每小组每次给出一条分享，组间依次回答。

② 在学员分享过程中，由培训师在白板上进行关键词语记录，保证所有观点均视觉化呈现。

③ 分享完毕后，培训师表示感谢，并针对学员提出的所有关键学习点进行适当归纳总结，完成环节闭环。

3. 关键学习点的应用注意事项

- 问题记录。由于关键学习点环节中学员分享内容可能相对较多，因此培训师只需记录关键词语即可，并在记录过程中进行及时确认与重复，保证学员信息被准确呈现。

- 辅助发散。当学员的分享仅限于知识层面时，培训师可通过提问的方式进行引导发散（这个知识点确实是课程的关键点之一，那么你打算在工作中如何应用呢），确保分享内容与实际的联系性。

9.3.3 闭场圈分享

1. 什么是闭场圈分享

闭场圈分享，即让学员围成一个圆圈（详见第 3 章 "O 形布局" 一节），制造封闭场域，通过对每个人培训感受及课程内容收获的分享，达到收结闭环的目的。闭场圈分享和关键学习点最主要的区别在于，闭场圈分享打造了安全的场域及平等开放的氛围，学员更容易打开自己，产生链接。同时，相对于知识点等 "干货内容"，闭场圈分享更注重情绪及感受的分享，因此这种总结方式相对其他几种方式而言会更加感性，学员的第一体感也会相对较好。

2. 闭场圈分享的操作流程

① 培训师组织学员全体围成圆圈，可根据场地的实际情况选择站立或坐下。

② 由培训师阐述分享规则（如 "请用一个词来代表你对本次培训的感受，并解释一下你为什么选择这个词"）、每人分享时长。

③ 完整分享结束后，由培训师进行感谢，并总结闭环。

3．闭场圈分享的应用注意事项

- 场地与人数。需要组织方提供足够的场地，且场地中尽量减少如桌子、柱子等遮挡物。当学员人数过多时（超过 30 人），可考虑分为人数均等的两个圈同时进行，提高分享效率。

- 内容分享。在闭场圈分享中，学员可以分享从本次培训中的收获，而培训师要鼓励分享感受、情绪。如果培训过程中学员普遍反馈不佳、参与度低、失当行为较多，请一定慎用闭场圈分享，因为它可能会成为学员对培训的"吐槽大会"。

- 培训师参与。如果学员人数较多，可以分为两个或以上圆圈。为了保证公平性，培训师要保持旁观者姿态，不进入任何一个圆圈进行分享，但可以在场内移动，听取学员的分享信息。

9.3.4　压迫式提问

1．什么是压迫式提问

压迫式提问也是问答总结的一种变体形式。培训师提出问题，小组内学员将答案书写在纸张上，并快速提交至培训师处，最终由培训师依照提交的次序及是否回答正确对小组进行奖励。

该活动不仅考查了学员对知识点的掌握程度，还考验了小组内部的协作能力（如当同时出现多个问题时学员之间如何制定答题策略），同时利用学员离开座位提交答案的过程，有效保持了整个培训场域的能量值不会因静默书写而降低。

2. 压迫式提问的操作流程

① 准备问题，绘制表格。在环节实施之前，培训师首先要准备一定数量的问题，通常情况下问题数量应大于 10 个，且每个问题均有标准答案以便评判。由于本环节是学员在便利贴上进行书写作答，因此推荐答案字数不要过多，尽量避免问答题。同时用海报纸绘制计分表格，用于记录学员答题成果。

② 阐述规则，制定策略。培训师发放物资并阐述本环节规则，给每小组 2 分钟的时间，制定组内人员分工及相关答题策略。具体规则如下。

- 培训师每轮将同时在 PPT 上展示 2~3 个问题，各小组自行决定组内答题分工。
- 为每个小组发放一种特定颜色的水彩笔/马克笔，每个小组只用本组颜色进行书写作答（如蓝队只能用蓝色马克笔答题）。
- 答题时每张便利贴只作答一个问题，并在纸上标注题目标号。
- 答案写好后需跑步提交至培训师手中，同组不同问题答案可以分别提交，即先写好先提交。
- 每轮每个问题的最先提交且答对的小组才能得分。每轮答题完成后进行评分，然后再进行下一轮答题。

③ 提出问题，收集答案。培训师依照事前准备的题目公布题目，答题可进行 3~5 轮。在收集学员答案的过程中，培训师要注意，务必按学员提交顺序收集便利贴，且收集时保持答案面倒扣。

④ 张贴成果，统计优胜。每轮问答结束后都将进行一轮答案的公布，由培训师按照提交顺序依次唱票，将每题的第一个正确答案在海报

纸上进行积分。整个压迫式提问环节结束后，根据海报上便利贴的字体颜色确定每组相应得分。如图 9.1 所示。

		红　队	蓝　队	黑　队
第一轮	问题A	1		
	问题B		1	
	问题C	1		
第二轮	问题A			1
	问题B			1
	问题C		1	
第三轮	问题A	1		
	问题B			1
	问题C		1	
第四轮	问题A	1		
	问题B	1		
	问题C			1
总分		5	3	4

图 9.1　压迫式提问计分示例

3. 压迫式提问的应用注意事项

- 便利贴的选择。培训师应当根据已准备问题的答案字数，提前调整本次便利贴的规格，避免出现纸面不足影响学员作答的情况。
- 培训师站位。在收集便利贴的过程中，培训师应尽量站在距离每个小组均等的位置，避免出现教室后方的学员由于离培训师过远而失去第一个给出正确答案的机会。

9.3.5　大冒险式总结

1．什么是大冒险式总结

大冒险式总结是通过问答进行总结的一种变化形式。通过系列提问帮助学员回忆、联想及梳理所学知识内容。大冒险式总结需要 15 个以上的问题，对其设置不同分值。各个小组轮流在规定时间内答题，并获得相应计分。通过模拟竞赛的形式，调动学员积极性。

2．大冒险式总结的操作流程

① 设计问题。培训师需提前准备 15~30 个问题，内容尽量覆盖全部重点内容章节。例如，整个课程核心内容有 5 章，可以每章设计 3 个问题，共计 15 题；或者每章设计 5 个问题，共计 25 题。提问方式建议以开放式问题为主，但一定要有唯一的准确答案，充分帮助学员回忆内容。

② 分配分数。培训师需要依据问题的难度进行不同段位分值的拟定。如果每章 3 题，可以分别设置为 100 分、200 分、300 分，或者 100 分、300 分、500 分。分数分配完成之后，需要通过 PPT 中的"超链接"功能制作相应显示页面，以便开展活动。如图 9.2 所示。

"TTM课程"知识问答大冒险

单元名称	分值选择			
培训管理者任务分析	100	200	300	400
培训需求分析及目标界定	100	200	300	400
培训项目策划与设计	100	200	300	400
培训资源开发与管理	100	200	300	400
培训组织与运营管理	100	200	300	400
培训效果评估与总结	100	200	300	400

图 9.2　大冒险式总结选题页面示例

③ 阐述规则。由培训师介绍答题规则，主要包括以下几点。

- 每组依次自行选择问题，如"什么是顾问——200 分"。

- 每组有 20 秒时间回答问题，答题者必须起立答题。培训师会立即反馈"对"或"错"。如果第一次答错，20 秒时间之内可以再次答题，也可以换人再答。

- 如果 A 小组答对，A 小组获得相应分数，同时换成 B 小组选题。如果 A 小组答错，A 小组不得分，轮到 B 小组选择是否继续回答这个问题。

- 如果 B 小组继续回答并且答对，B 小组得到该题目分数并可以再回答一题。如果 B 小组继续回答但答错，B 小组不得分且换成 C 小组答题。如果 B 小组跳过该问题开始新一题的回答，积分规则同上一项。

- 全程闭卷答题。

④ 回答问题。首先给各组 1 分钟时间商量选题策略，或对规则进行答疑。然后各组依次进行选题和回答。同时过程中对各组得分及时进行记录。

⑤ 计分统计。全部题目回答完毕后，由培训师进行总分统计，宣布获胜小组，并可适当对错题进行解析和回顾。

3. 大冒险式总结的应用注意事项

- PPT 准备。培训师应当根据已准备问题制作问题列表和各个问题的展示页面，并在课程前进行测试。一旦比赛开始，如果由于技术问题导致中断，将极大影响活动效果。

- 答案准确性判定。建议在正式答题开始前明确规定，回答部分正
  确（不完整）不可以获得分数。

以上分享了关闭总结的效用及五种有效方法。引导式关闭总结的工
具不仅可在一场培训结束时使用，在重要单元收结、重要单元开篇、关
键时间点收结、关键时间点开篇等情形也都可以随时使用。利用不同场
景有效使用不同特性的工具，引导学员进行回顾反思、聚力行动，这才
是总结的最大魅力！

参考文献

[1] 加涅，等. 教学设计原理（第 5 版）[M]. 王小明，等译. 上海：华东师范大学出版社，2007.

[2] W. 迪克. 系统化教学设计[M]. 庞维国，译. 上海：华东师范大学出版社，2007.

[3] 帕拉布·耐度，赖美云. SPOT 团队引导[M]. 唐长军，等译. 南京：江苏人民出版社，2014.

[4] 迈克尔·威尔金森. 引导的秘诀[M]. 甄进明，等译. 北京：电子工业出版社，2014.

[5] R.布莱恩·斯坦菲尔德. 学问：100 种提问力创造 200 倍企业力[M]. 钟琮贸，译. 北京：电子工业出版社，2016.

[6] 英格里德·木斯. 引导：团队群策群力的实践指南（第 3 版）[M]. 任伟，译. 北京：电子工业出版社，2016.

[7] 山姆·肯纳. 结构化研讨：参与式决策操作手册（第 3 版）[M]. 阎永俊，译. 北京：电子工业出版社，2016.

[8] 查德·尤德尔，加里·乌迪尔. 玩转移动学习[M]. 韦国兵，等译. 北京：电子工业出版社，2017.

欢迎参加"FTT"（引导式培训师培训）认证

百年优学作为百年基业集团的专业品牌,定位于"引导式学习设计专家",致力于引导技术与学习技术融合的研究、实践和推广。开创性地将引导技术（F）嵌入内训师培养（T）、学习资源开发（D）、关键人才培养体系咨询（C）三个领域,具备完整的学习发展产品链。FTDC 成为帮助客户打通从体系、项目、课程到内训师的链接通道,为客户提供学习发展一站式整体解决方案。"FTT"（引导式培训师培训）是 FTDC 产品体系的

重要组成部分,是企业内训师队伍快速提升教学设计水平和授课能力所需的一门经典课程。

课程值得参加的四个理由

- **传承经典,统合综效**

以引导的理念实现培训的目的,将最适用的引导技术无缝嵌入培训场景,呈现出中西合璧的精品课程,是经过国家版权局审核注册的版权课程。

- **身经百战,源自实践**

在互联网、金融、通信、能源、制造、快消等行业 100 余家标杆企业进行过内训；与《培训》杂志、CSTD 等机构合作推广公开课和导师认证班,在教

学相长和不断迭代中更显实战价值。

- **随学随练，现场转化**

每种重点工具都有实操机会，学以致用，你可以在两天的时间内将所学工具内嵌到自己的课程中，进行主讲课程教学设计的迭代升级。

- **专业团队，品牌师资**

本课程授权导师韦国兵老师、施英佳老师、王波老师、谢佳宁老师、曹旭东老师均有丰富的培训从业经历，确保您在学习中愉快、轻松地掌握核心技能，做到学以致用。

学习对象

企业内训师、培训从业者、有授课职责的业务专家/管理者。

课程收益

- 1 个核心——实现以学习者为中心，将课堂还给学员。
- 5 大模块——激发学习兴趣、构建培训场域、应用 4 类提问、实现深层互动、引导总结关闭。
- 8 项能力——积极聆听、善于提问、观察反馈、系统整合、流程设计、进度把控、角色转换、管理失当。
- 16 种核心工具——提供工具的详细操作方案，帮助学员做到即学即用。

咨询电话：010-58672662-品牌市场部

电子邮箱：training@gene100.com

公司网址：www.gene100.com

引导式学习设计坊

反侵权盗版声明

　　电子工业出版社依法对本作品享有专有出版权。任何未经权利人书面许可，复制、销售或通过信息网络传播本作品的行为；歪曲、篡改、剽窃本作品的行为，均违反《中华人民共和国著作权法》，其行为人应承担相应的民事责任和行政责任，构成犯罪的，将被依法追究刑事责任。

　　为了维护市场秩序，保护权利人的合法权益，我社将依法查处和打击侵权盗版的单位和个人。欢迎社会各界人士积极举报侵权盗版行为，本社将奖励举报有功人员，并保证举报人的信息不被泄露。

举报电话：（010）88254396；（010）88258888

传　　真：（010）88254397

E-mail:　　dbqq@phei.com.cn

通信地址：北京市万寿路 173 信箱

　　　　　　电子工业出版社总编办公室

邮　　编：100036